走进教师阅读

Zoujin Jiaoshi Yuedu

刘 波——著

山西出版传媒集团 山西教育出版社

水西★书系

图书在版编目（CIP）数据

走进教师阅读 / 刘波著. —太原：山西教育出版社，2019.9

ISBN 978-7-5703-0440-0

Ⅰ. ①走… Ⅱ. ①刘… Ⅲ. ①教师—阅读辅导 Ⅳ. ①G451.2

中国版本图书馆 CIP 数据核字（2019）第 092814 号

走进教师阅读

ZOUJIN JIAOSHI YUEDU

出版人 雷俊林
选题策划 刘继安
责任编辑 李梦燕
特约编辑 胡晶晶
复审 彭琼梅
终审 康健
装帧设计 陈晓
印装监制 蔡洁

出版发行 山西出版传媒集团·山西教育出版社
（太原市水西门街馒头巷 7 号 电话：0351-4729801 邮编：030002）
印装 山西聚德汇印务有限公司
开本 720×1020 1/16
印张 14
字数 207 千字
版次 2019 年 6 月第 1 版 2019 年 9 月第 2 次印刷
书号 ISBN 978-7-5703-0440-0
定价 42.00 元

目　录

第三辑 教师阅读的那些事儿

第四辑 因阅读而改变

序言

老师，你处在怎样的状态中？

常生龙

苏联教育家维果茨基的最近发展区理论相信很多人耳熟能详。该理论告诉我们，学生的发展有两种水平：一种是学生的现有水平，即不需要教师或者别人的指导就可以独立解决相关问题的水平；另一种是学生的潜在水平，即在他人的帮助下解决问题的可能水平。这两种水平实际上将学生的学习和生活状态分成了三个区域：在现有水平之下的区域叫“舒适区”；在现有水平和潜在水平之间的区域叫“最近发展区”，又叫“学习区”；而在潜在水平之上的区域叫“焦虑区”。不同的教师，工作和生活其实分别处于这三个不同区域对应的状态之中。所处的状态不同，与环境、生活的对应关系就不一样，所产生的结果也是大相径庭的。

有很多教师生活在“舒适区”中。他们认为，求学阶段所学的那些知识以及刚工作那几年积累的教学经验，已经可以让自己站稳讲台，不需要再去刻意学习新的知识、掌握新的本领。他们平时没有养成阅读的习惯，除了上课所必需的教材、教学辅助资料之外，很少主动去看其他方面的书，就连微信、微博等新媒体中推送的教育教学方面的理性分析文章以及精彩案例，也很少认真去读。

这样的工作和生活状态，在科学技术发展比较平稳、知识更新速度缓慢的时期，还是可以高枕无忧的。在工作的时长里，所教学科没有多少新的科学发现，教学内容和教学要求相对固定，学生的生活方式和学习方式也没有太大的变化，教师自然能“一招鲜，吃遍天”了。但当下的社会并非如此。科技发展突飞猛进，学科发展日新月异，虽然在基础教育阶段教师传授给学生的是他们走上社会所需要的基本符号系统、社会规则以及思维方式，但如果不了解学科发展的最新动态，就很难帮助学生做到学以致用。人工智能、信息技术与学科的融合，让原本只能在规定时间、规定地点、由固定教师传授的学习，转变为任意时间、任意地点、人人都可能是教师的新型学习。学习的手段越来越丰富，学习的方式越来越多元，学习的时空越来越宽广。从“三维目标”到核心素养，国家对教育的要求也在不断变化，教育综合改革在扎实推进，推动着教育从学科本位转向以人为本，这背后涉及教育理念、教学行为等的深刻变革……在当下做教师，如果不具备终身学习的能力，没有养成良好的阅读习惯，是很难胜任教师这一职业的。

为什么教师愿意处于“舒适区”呢？因为在这个区域内工作和生活有安全感。教材已经非常熟悉，课堂教学的套路也比较清晰，每周要做的事情基本上都了然于胸，连教学任务完成之后学生大致会达到的学业水平，也能够提前预料到，这样做起事来心里自然踏实。但从脑科学的角度来看，长期做熟门熟路的事情，会让大脑神经元之间的连接减少，大脑信息通道的数量也会随之减少，大脑的学习能力会降低，衰退得也会很快。只有受到新事物的不断刺激，大脑才会不断产生新的细胞，形成新的连接，得到持续发展，这是最基本的原理。

由此可见，让自己始终处于“舒适区”，不仅不能适应社会发展的需求，对自身的生理机制而言也是一种伤害。因此，教师要努力脱离“舒适区”。

处在“学习区”应该是教师最适宜的生活和工作状态。教师的责任是让学生学会学习、学会生活，那么教师自己首先就应该做到这一点。当然，教师的学习和学生的学习有着不同之处，学生的学习是以间接经验为主的学习，教师的学习则强调直接经验和间接经验相结合。但从学习的目的来看，两者又是相似的，都是为了促进自身的发展、成为更好的自己。

教师学习的基本特点是自主学习，而阅读是教师自主学习的一种基本方式。从广义的角度来看，阅读包含了各种信息汲取的方式，如对大自然的实地考察、对他人教学行为的课堂观摩、对学生学习特征的跟踪研究、聆听广播或观看媒体报道、对纸质或电子媒介的查阅或深入研究等，这些都是阅读行为的外在表现，也都是教师学习的方式和途径。从狭义的角度来看，阅读指的是凭借书本或电子媒介所进行的间接学习。

教师的教学和科学家的研究相比，有一个明显的区别，就在于教育的规律、人的身心发展规律、课程建设的逻辑等都是相对固定的。经过千百年来的持续探索和努力，教育学和心理学方面的专家们对此已经有了比较清晰的认识。面对教育教学过程中遇到的实际问题和学生出现的各种困难，绝大多数情况下都有行之有效的策略和方法来帮助当今的教师化解困难、指点迷津，并且这些知识已经被有心人加以整理，通过书籍的方式保存了下来。因为时间有限，当下教师面临的学习难题是在入职前的学习中，未能系统地了解并掌握上述那些知识，需要在入职后持续学习，不断夯实工作基础。就像新生儿出生时大脑、身心的发育都不成熟，需要通过学习来不断完善一样，教师在工作期间的阅读和学习，也是成长的根本需要。要通过阅读让自己不再手忙脚乱，通过阅读让自己明晰奋斗的方向，通过阅读让自己心存理想，通过阅读让自己坚定教育的信念。

同时，教师的阅读还有其自身的特点，它是一种专业性的阅读。第一，教师要加强对学科本体知识的阅读和研究，不能在知识的理解上闹笑话。就拿文字学习来说吧，我看到市面上流通的看图识字卡片，为了帮助孩子认识“进”这个字，在“井”字的中间部分画了一口井，给人一种一前进就会掉到井里的感觉。这显然是对文字的误读。“进”是一个简化字，其中的“井”是由“隹”简化而来的，“隹”是鸟，如果你仔细观察小鸟在地上的行走，就会发现它们只会前进或者转弯，不会后退。绝大多数的文字都是前人在对自然现象做了大量观察的基础上经过梳理、提炼后造出来的，其中不仅蕴含了文字产生和演变的历程，还有很多方法论的知识在其中。第二，教师要加强对心理学和脑科学知识的阅读和研究。学校教育的主体是学生，教师要研究不同年龄阶段学生大脑发育、身体发育的特点和他们的心理特征。对这些问题的学习和研究，直接关系到教育教学的成效。最近这十多年来，我国在脑科学研究领域突飞猛进，脑科学与人工智能的结合，已经产生了令人叹为观止的变化。教师需要加强学习，广泛阅读这方面的新成果，坚持“育人为本”，让自己的教育教学始终做到“目中有人”。第三，教师要加强对课程教学理论的阅读和研究。随着教育综合改革的不断深化，教师的角色也在不断发生变化，教师要从原来教材的执行者转变成课程的建设者，这就要求教师能基于课程方案的要求和本校的实际，对国家课程进行校本化的实施，拟定实施的细则，明晰课堂教学的着力点，细化课程评价的方案。由此，对教师提出了更新更高的要求。第四，教师要加强对教育理念和教学观念的阅读和反思。理念决定行为，每个人无论做出怎样的行为，都有其背后的理念做支撑。如果你坚守“内发”的教育观，就会强调教育教学中学生的主体地位，注重循循善诱，让学生在做中学；如果你坚守“外铄”的教育观，就会强调教育教学中教师的主导作用，注重灌输和塑造，让学生死记硬背。当然，现在看来，这两种观念也不是完全对立的，真理往往不在两极，而是交汇在某个中间地带。第五，教师要加强对中国传统优秀文化、对世界先进文化的阅读和研究，并将其与我们的教育事业有机结合。如果站在世界各国的文化角度看教育，你会发现，某一种教育理念、教育模式之所以会在某个地区、某个国度被大家认同，是有其深刻的文化根源的。教育是社会体制，是文化的自我摸索与自我生产。心灵如果不存在于文化的环境中，就根本不可能生存下来。文化提供了工具，使得我们可以用沟通的方式来组织和了解我们的世界。学习和思考永远都置身在文化情境里，并且永远都依赖于文化资源。

提倡教师走专业阅读之路，并非排斥其他类型书籍的阅读。开卷有益，只要你翻开一本书，总会从中获得些许收获。而那些文史类、哲学类、思想类的经典书籍，本身也能让教师学会从另外一个视角看待教育。只要有时间，兼收并蓄总是好的。

当教师走上专业阅读之路后，可能发现自己经常会遇到“阅读瓶颈”。比如找来了一本名家的专业著作读，没想到语言晦涩难懂，“啃”了好几天也没读上几页，令自己的自信心备受打击；或者始终徘徊在某一层面的阅读中，自己很想有所突破，但找不到方向和切入点；还有可能，读了一些书，有了一些感悟，想写一些文字来记录，却发现平时能说会道的自己，提起笔来却六神无主，根本不知道该如何下笔……这样的教师，已经进入阅读的“焦虑区”了。

谈到焦虑，大家大都会往负面的方向去想，其实并不尽然。焦虑确实会给人带来压力，但那种短暂、适度的压力，反而能激发出人的潜能。有句话说得好：“只要思想不滑坡，办法总比困难多。”通过激发潜能，找寻破解问题的思路和方法，不仅可以让原来的焦虑变成现在的快乐，还可以将自身的潜在水平往上提升，扩展“学习区”的空间，将原本的“焦虑区”转化为“学习区”。就专业书籍晦涩难懂和教师不知道如何提升阅读层级的问题，魏智渊在《教师阅读地图》一书中提出了解决办法。他在书中将教师专业阅读的书籍分为案例型、经验型、分析型、原理型、哲学型五个层级，引导教师拾级而上，一步步走向教育理论的最高殿堂。针对有想法但写不出来的问题，直接的方法有两种：一是在读了一本书之后，有意识地去阅读别人撰写的读后感，看他们是如何寻找写作角度、阐述自己想法的；二是每天坚持写作练习。朱永新在 2002 年设立了“成功保险公司”，鼓励教师“每日三省吾身，写千字文一篇”，并要求教师在 10 年后拿出 3650 篇来公司，如未能在教育上获得成功，甘愿理赔。结果没有人去理赔，但按照他的建议去做的教师，一个个都走向了成功。

当然，还有一个让大家减缓焦虑、养成良好习惯的“法宝”，就是教师的群体阅读。人本身就是社会性动物，需要经由组织获得认同、通过组织汲取力量、凭借组织凝聚共识、利用组织实现愿景。教师读书会作为阅读活动的自治组织，对推动教师阅读的意义是不言而喻的。首先，教师读书会可以发挥榜样的力量，用身边的榜样激励每个成员。其次，教师读书会可以促进思想的交流和碰撞。诚如萧伯纳所言：“如果你有一个苹果，我有一个苹果，彼此交换，我们每个人仍然只有一个苹果；如果你有一种思想，我有一种思想，彼此交换，我们每个人就有了两种思想，甚至多于两种思想。”通过阅读推动思想的碰撞，让群体成员在交流之中获得新的感悟和提升，是读书会的价值所在。再次，教师读书会可以帮助教师解答阅读过程中出现的各种难题，让教师突破瓶颈、柳暗花明。最后，借助各种专家资源和力量，教师读书会可以实现专业引领，避免出现“萝卜烩萝卜，烩来烩去还是萝卜”的阅读囧态。

组建并运行教师读书会，需要把握好以下几点：一是参加读书会的教师都是处在“学习区”的、有阅读习惯或愿望的教师。如果自身没有学习的内驱力，仅靠外界的驱使是很难坚持下来的。二是大家要有共同的愿景。只有共同的价值观和相同的发展意愿，才能把大家牢固地团结在一起，淡化人与人之间的个人利益冲突，形成一种巨大的凝聚力。三是要会妥善地用力。要让整个团队成员明白大家当前着力要解决的问题是什么，在这个问题的解决过程中，每个人的定位在哪里。团队活动不是拔河比赛，要求每个人同时使出吃奶的力气，而是要根据成员不同的特长，合理配置资源，使团队效益实现最大化。四是聚焦重点、难点问题的突破。在促进教师专业阅读的过程中，如何把教师的“焦虑区”转化为“学习区”，是重中之重的问题，读书会如果在这方面多做一些研究和探索，意义会更大。

感谢刘波老师的信任，让我有了提前阅读本书的机会。刘波老师长期关注教师阅读，是教师阅读推广的翘楚。他对当前教师阅读的状况分析、对教师专业阅读的建议和思考、对推动教师群体阅读的做法和策略，都很值得我们学习和借鉴。相信认真阅读了本书的读者，会从中受到诸多启发；相信在大家的共同努力下，教师阅读定会以一个崭新的面貌呈现在大家面前。

（常生龙《中国教育报》“2012 年度推动读书十大人物”之一

上海市教育考试院副院长）

自序

把推动教师阅读当作研究来做

不知不觉中，我做这项关于“推动教师阅读”的“自研究”已经超过12年了。我把“推动教师阅读”称为“自研究”，是因为这项研究最初并不是任何一级的立项课题，只是自己用研究的态度去对待，在研究中来推动这项工作。不过，在实践中，我把这项“自研究”也做成了“大课题”，先后两次获得宁波市教育科研优秀成果奖，并获省级教师教育课题立项。

最初，我只是凭着一腔热情去做这件自认为是正确的事，也曾遭遇“做了也白做”的尴尬。从最初只是做一项自认为值得的工作，到慢慢做出名堂，甚至在较大范围内有了一定的影响力。在推动教师阅读的实践中，我始终坚持切实让教师受益的想法，为大家“读有所获”搭建各种平台，这就是基于教师立场来推动教师阅读的初心吧。

正所谓“立己达人”，作为阅读的受益者，我决定带动更多的教师走上阅读之路，先是带动一所学校的同事，然后是带动一个区域的同行。

每个人都有自己的阅读兴趣和阅读偏好，但对于教师而言，更重要的是专业阅读，而这一点又被很多教师所忽视。在专业阅读上，我也走过弯路。入职之初的前五年，我在阅读上只是进行比较狭义的“学科阅读”，后来逐步走上了“学科阅读”和“开放阅读”并举的道路。最初，我只是牵手学科刊物和教育综合期刊，后来，越来越多的教育著作和其他人文社科类著作成为我的“座上客”。对我而言，2008 年是我正式走上教育阅读之路的一年。如果在入职之初就有合理的专业阅读规划，形成专业阅读的习惯，或许我在专业上会有更大的发展。后期的“恶补”式的阅读，也让我的教育阅读之路越走越远，并让我切实感悟到了阅读给自己的成长带来的助力。所以，我希望更多的教师能形成良好的专业阅读习惯，能在阅读中加快成长的步伐。

我的工作履历很简单，2001 年大学毕业后一直在仁爱中学工作，直到 15 年后调到区教科所。仁爱中学的历任校长都重视教师阅读，身处这样的学校，我也养成了阅读的习惯，并把推动其他教师阅读作为我工作的一部分。从 2006 年起，我就开始扮演教师阅读“推广人”的角色。从最初的懵懵懂懂到后来的得心应手，从最初的“摸着石头过河”到后来形成品牌特色，我一直用研究的态度来对待教师阅读。在研究中，积累了大量的资料，并在反思中不断改进推动教师阅读的实践和方法。我一边推动教师阅读，一边总结提炼经验，并在实践中继续优化。在有效推动仁爱中学教师阅读的同时，我还提炼出了仁爱中学在推动教师阅读上的一些金句，如“党政工合力，多部门联动”“读书种子推动全员阅读”“最忙之人先读，全体教师跟进”“借力学术外援，助推教师阅读”等。2016 年，我提交的名为“引领和选择并举，先锋和全员同行”的仁爱中学教师阅读推广案例，入选宁波市首届校园阅读推广十佳案例。

到了区教科所工作后，我有幸遇到了酷爱阅读的领导。在领导的大力支持下，我倡导成立了“研之乐”教科研骨干读书会，并组织了推动区域教师阅读的组织者、示范者、先行者三结合的“教科团队”。从一所学校到一个区域，从一所教师阅读先行学校到推动区域教师阅读均衡发展，能否取得成效，我借助研究在实践中摸索着。最终，依托“教科团队”推动区域教师阅读的做法，也入选了宁波市校园阅读推广十佳案例。

为了进一步培养一批爱阅读的阅读先行者，让更多的教师看到在阅读上挑战自我的可能性，我借助“场动力”理论，开展了每月读一本书，每本书写 1000 字以上读书心得的“啃读挑战”活动。一年来，“啃读挑战”活动取得了圆满成功，激发起全区更多教师参与到这一与自己“死磕”的阅读大挑战活动中来。

2018 年“啃读挑战”的成功实践，让我对推动区域教师阅读有了更理性的认识，“三个基于”的区域教师阅读推动机制在我的脑海中逐渐明晰起来：基于“教师立场”、基于“教科团队”、基于“啃读挑战”。这“三个基于”从实施目的、依靠力量、开展途径三个方面，把镇海区推动区域教师阅读的机制“可见化”了，也为今后的进一步探索找到了方向。

在推动教师阅读的行动研究中，除了阅读教育专业著作，我还阅读了大量阅读学方面的著作，向出版界和阅读界的专家“求教”，进而在理论上对阅读以及教师阅读有了更深刻的认识，也让自己有勇气和信心在各种场合宣讲教师阅读活动。

十多年来的教师阅读推广实践道路上，我把推动教师阅读当作研究来做，既有效地推动了教师阅读，也进一步提高了自身的水平。我希望和更多的教师一起爱上阅读，让教师群体成为全民阅读的先行者和示范者。

刘　波

第一辑　阅读的是是非非

对于阅读，不同的人有不同的观点，而很多人的观点都基于自己的经验，未必具有客观性，哪怕是知名的专家学者也是如此。

从2015年起，我开始广泛阅读图书馆界和出版界专家的相关著作，查阅他们公开发表的相关论文。正所谓“术业有专攻”，这些专家对阅读的观点更加客观、理性。在与徐雁、王余光、詹福瑞、聂震宁、葛剑雄等国内知名专家学者的“交流”中，我原先的一些困惑得到了解决，这些专家学者的观点也让我对教师阅读有了更深刻的理解。这样，再回过头来看教育界一些读书“大家”的书，比如金克木、陈平原、朱永新、常生龙等，自然是别有一番感悟。当然，国外一些有影响力的关于阅读方面的著作，如美国的《如何阅读一本书》《朗读手册》、意大利的《为什么读经典》、日本的《阅读整理学》《阅读的力量》等，我都有所涉猎。

本辑内容是我在关于阅读学方面的阅读中得到的启发，希冀相关专家的真知灼见能够帮助我们更好地理解阅读。同时，我认为“阅读”是“教师阅读”的上位概念，值得大家客观、理性地去认识。

在问道“大家”中理解阅读

诚如人人都能对教育发表评论一样，每个人都可以畅谈自己对阅读的感悟。事实上，每个人都有自己的阅读偏好，即便是某方面的名家，他对阅读的理解往往也只是一家之言，未必具有普适性。

现实中，倡导阅读的专家学者和教师中有很大一部分是中文专业出身的。这也是有些名家推荐的书单中往往以文学为主打的重要原因。比如语文特级教师高万祥和徐飞合著的《优秀教师的30本案头书》中，除了有少数几本教育类的著作，大多数是人文类的。当然，人文类的书教师应该读，但未必其他学科的教师都需要读这些书。即便是语文教师，对这些人文类的书也会有自己的选择。有些书，语文教师需要认真研读，其他学科的教师或许只需稍微了解一下就行了。

据阅读学方面的专家介绍，欧美的大学生都有阅读学选修课，甚至是必修课，而我国大学里接触阅读学课程的是图书馆学专业的大学生。从这个意义上来说，我国大多数人在阅读学方面存在着一定的先天不足。可以说，阅读本身就是一门学问，我们很多人需要对这门课进行必要的补课。

“非经典不读”“读专业书不是真正的阅读”等观点很流行，但不一定是正确的。近年来，带着这些困惑，在关注教育界相关专家的同时，我开始把目光转向阅读界、出版界的相关专家学者，向他们“求教”，聆听阅读方面的专业声音。

我国的徐雁、王余光、詹福瑞、聂震宁、葛剑雄，日本的外山滋比古、斋藤孝，美国的吉姆崔利斯等在阅读方面颇有研究的专家都进入了我的视野。在了解了他们关于阅读方面的阐述后，我对阅读有了更深刻的理解，也对教师阅读有了更深刻的感悟。

在移动互联网时代，究竟如何来看待阅读，如何真正有效地读书，我很希望能看到这方面的权威阐述。因而，当我看到一位著名学者出版的《网络时代我们如何读书》时，马上就在网上下单了。不过，拿到这本书的时候，我颇感失望，原来书名只是书中一篇文章的标题，而不是全书系统讲述网络时代如何读书的问题。尽管闹了个乌龙，也足见我在这方面"求教"的迫切心理。

后来我在网上看到华东师范大学的许纪霖谈"互联网时代如何读书"的讲座，就想方设法找到了电子版，进一步了解知名学者对这一现实问题的看法。

近年来，关于"拆书帮"的话题非常流行。于是，我也买了"拆书帮"创始人赵周的作品《这样读书就够了》。在这本书的序言中，提到一些培训大师的课，听课费非常昂贵。这些大师所讲的一些干货，往往在任何一本管理学的著作中都能找到。现在很多人很难静下心来好好读一本书，这样，那些培训大师就大有市场，因为很多人愿意投资去听有干货的讲座。"拆书帮"的相关书籍我总共买了 3 本，但这种过于讲究效率、非得在书中突出干货的做法，对我来说并不怎么适用，对于教师阅读专业图书，也不大具有指导意义。

现在，日本学者关于快速阅读方面的书也比较多。但是，他们所列举的适合快速阅读的书，往往都是商务类的。需要注重情节的小说，就不适合快速阅读。可见，并不是每本书都适合快速阅读，否则读了也留不下什么痕迹。

有的书只需翻翻就行，有的书略读即可，有的书就得正襟危坐、逐字逐句"啃读"。因此，并不是所有的书都适用高效的阅读方式。

著名畅销书作家、韩国国民导师二志成的《书都不会读，你还想成功》，我曾读了两遍。当然书中作者所提到的疯狂的读书量，对一般人来说无异于天方夜谭。一年 365 本书，与我国成年人人均阅读纸质图书不到 5 本比起来，实在是相距甚远。不过，这本书中提到，读书的三个阶段中，第一阶段要阅读 100 本与自己专业相关的书，来夯实底子，这样的说法是挺有道理的。试想一下，如果我们每一位教师都认真阅读过 100 本与自己专业相关的书，那么在专业方面该有多大的底气呀。

这也让我进一步认识到，在网络时代，“啃读”精神还是非常必要的。从“啃读”的意义上来说，我们需要读一点读不大懂的书，这样才能在阅读中有所进步。否则，我们老是在阅读的“舒适区”中打转，除了获得一些信息外，对于自身的提高是有限的。特级教师于漪也大力倡导语文教师要真正读一点“磨脑子”的书。

有一点不容忽视，今天的中小学生是网络时代的原住民，他们从小就在网络的环境中成长，培养他们对纸质书的亲近感，更加不容易。因此，让他们从小养成阅读的习惯，再强调也不为过。

在与这些“大家”的“接触”中，我更好地理解了阅读，对教师和学生的阅读有了更深刻的认识。这样不仅有利于指导自己的阅读，也有助于自己扮演好阅读“推广人”的角色。

不同层面的“大家”给了我阅读方面的不同思考。可以说，原先的我只是一个读有所得的读者，一个凭自己的理解在推动教师阅读的领读者。现在的我对阅读有了更深刻的理解，对如何有效促进自己的阅读有了明确的方向，对阅读推广的价值也有了进一步的认识。

在问道“大家”中，我逐步成为一个专业的教师阅读“推广人”，能以专业的视角，更好地去推动教师阅读。

“大阅读”时代更需要深阅读

今天，在阅读方面存在很多争论。比如数字阅读与传统平面媒体阅读之争、浅阅读与深阅读之争等。原先我对阅读的认识，来源于中国新闻出版研究院每年在世界读书日期间发布的关于国民阅读状况的调查数据。在关于综合阅读率的统计上，具体来自报纸、杂志、书籍和数字阅读这四个方面。而报纸和杂志可以合称为报刊，因此，报刊、书籍和数字阅读都属于阅读的范畴，我简单地称之为“大阅读”。

2015 年，在读教育学硕士学位期间，我把《教师阅读文化的构建》作为自己论文的选题。在撰写论文检索有关阅读文化的资料时，查到当当网上有中国阅读学研究会前会长徐雁教授的《阅读的人文与人文的阅读》一书。以前，我曾听《中国教育报》十大读书推动人物、中国特殊教育博物馆馆长马建强老师提起过徐雁教授，说他在阅读文化学方面有很高的造诣。尽管这本书定价 120 元，在当当网上也是罕见的零折扣，我还是第一时间就买下来了。

认真阅读了徐雁教授的这本书后，我对阅读方面的知识有了进一步的了解，比如对“耕读传家，诗书继世”的意义有了切实的理解，对全民阅读推广的可持续性有了更理性的认识。这本书给我最大的收获就是从理论上对“大阅读观”有了更明确的认识。

徐雁教授认为，在“铅与火”的传统出版时代，人们常常把“阅读”狭义地等同于“读书”。因为那时，书籍是人们获得知识和信息的主要载体。当人类进入“光与电”“屏与键”的当代出版时期，“阅读”已经不再局限于平面的书、报等刊登于纸面上的印刷品，而是与多媒体并驾齐驱了。从 1988 年到 1998 年，正是从读书拓展为阅读的时期，也就是说，几十年前，阅读几乎和读书是同一个意思，而今天阅读的渠道则要宽泛多了。

读了这本书，我认识到阅读包括了从不知到渐知、从泛知到追求深知的过程。所谓“阅读”，其实是人类认知世界、认知社会、认知人类自身的过程。从求知的角度来看，纸质阅读和电子阅读的价值是差不多的，只是知识依附在不同的载体上而已。从这个意义上说，电子阅读也是阅读，真的不能“不把豆包当干粮”了。

在此基础上，徐雁教授进一步提到，听广播、看电视、浏览网页，都是现代人获取固有信息和知识的有效途径，但只是浅表层次的汲取。更深层次的汲取，则应将通过多媒体所获取的客观知识与自身参与社会实践过程中形成的主观感受有机结合，并以此造就自己独到的心得、感悟、发现和创新。可见，如果不能有意识地把“浅阅读”进行深化，其效果是有限的。

在徐雁教授看来，当电子媒介与网络伴生的数据库资料越来越成为当今世界的重要知识和资源的时候，变化的仅仅是求知方式，不变的依然是阅读精神和在汲取知识以后如何转化为社会实践和个人才干的人生智慧。

通过徐雁教授的解读，我认识到现在多样化的阅读方式，改变的仅仅是书籍的形态，而不是其中所包含的丰富知识、高深学问和经验智慧。而通过阅读，尤其是阅读名著和经典，在成人的过程中成长，在成长的过程中成才，永远是求知受教、开卷有益的真谛。也就是说，不管是何种阅读载体，要想真正发挥作用，关键还是在阅读的人。每一个阅读者，要根据自己的需求和实际的阅读条件来选择适宜的阅读载体，而不是纠结于纸质阅读还是电子阅读。

在读徐雁教授这本书的时候，我也有意识地去期刊网上检索了一下徐雁教授发表的关于阅读方面的其他文章，有些被收录在这本书中的，有些则没被收录。于是，我把自己感兴趣的相关文章下载下来阅读，然后用实际行动来践行徐雁教授倡导的“大阅读观”。

徐雁教授认为，从泛阅读、浅阅读导向深思考、深阅读的理想状态，是网络时代读书向“大阅读”转型的重大命题。泛阅读、浅阅读尽管已经成为一种阅读常态，也是一种必要的阅读形态，但我们不能把这样的阅读方式作为阅读的全部，并完美地“欺骗”自己，认为自己就是处于不断阅读的状态中。在泛阅读、浅阅读无处不在和容易占据时间的前提下，传统意义上的深入阅读就显得弥足珍贵了。

浅阅读说到底是一种浏览，是一种信息的获得，如果不进行必要的整理，这种“碎片化”的阅读在效果上是无法跟深阅读相媲美的，并不能取代真正意义上的深阅读。徐雁教授说得非常形象：“只有经历了深阅读的深沉和深厚，才能彻悟浅阅读是何等浅薄。”从某种程度上来说，如果在浅阅读上投入了过多的时间，便会有一种假装“努力”的感觉。我们在阅读中需要的是真勤奋、真努力，而不是刷存在感。相比较而言，深阅读需要投入更多的注意力资源，需要人从“舒适区”中走出来，是相对不容易做到的。因此，能长期坚持深阅读的人自然更具核心竞争力。

从徐雁教授那里，我找到了“大阅读观”的理论依据，对阅读也有了更科学的理解。换言之，我们必须认识到今天所处的是一个“大阅读”时代，阅读资源异常丰富。我们需要建立一种“大阅读观”，找到传统阅读和数字阅读的一种平衡，既要利用好数字阅读的便利，更要充分利用传统阅读的厚重，努力培养深阅读的习惯，让深阅读成为提高自己核心竞争力的看家本领。

明确阅读目的再出发

聂震宁先生是韬奋基金会理事长，此前曾担任过人民文学出版社社长兼总编辑、中国出版集团董事长，可以说是出版界的资深专家。“结识”聂震宁先生，源于他的《舍不得读完的书》。在这本书中，他把“读以致用、读以修为、读以致乐”作为阅读的目的。书中对当下阅读状况的判断，很值得我们思考。

作为出版界的高级管理者和资深专家，聂震宁先生对我国当下的阅读状况有着深刻而清醒的认识。

在 2017 年出版的《阅读力》一书中，他把阅读目的拓展为四点：“读以致知、读以致用、读以修为、读以致乐。”也就是说，从具体目的来看，阅读有求知、应用、修身、娱乐的价值。当然，有的阅读可能只有其中的一个目的，有的阅读则可能兼具好几个目的。我觉得，聂震宁先生对阅读目的的阐述非常到位，可以使读者更全面、更理性地看待阅读的目的。

“读以致知、读以致用、读以修为、读以致乐”，这四个目的不是截然分开的。正如作者所言，读以致乐是阅读的最高境界，阅读能给人带来幸福，其实也是阅读的终极目的。但是，对于身处职场中的人来说，并不是所有的阅读都能带给自己快乐，有些很重要的阅读内容虽然读起来并不是那么有趣，但这样的阅读恰恰是不可缺少的。从这个意义上来说，一味追求“悦读”并不现实。有些阅读的内容并不是自己真正感兴趣的，但因为求知或工作的需要而不得不读，如果能从阅读目的上正确加以认识，那么适当强迫自己阅读也是必要的。

基于阅读的四个目的，聂震宁先生在阅读上有着自己独到的看法。他认为我们必须要看一些最新的书，了解最新的事物。当然，这些书往往称不上是经典的，这也说明“非经典不读”的观点是狭隘的。

聂震宁先生曾通过对一次著名荐书活动的分析，认为没有书是必须要读的。但是，对于有些书，具有一定文化程度的人是应该知道的。我觉得“应知书”的提法，比“必读书”要好得多。比如对于教育工作者来说，一些经典的教育著作，你至少应该知道一些，如果有兴趣的话可以进一步关注，从中选一些来读读。毕竟，教育的经典书籍也不少，不可能每一本都用“啃读”的心态去对待，有些书大概了解一下即可。

正是因为阅读可以有不同的目的，我们在阅读的时候，可以采取不同的方式去阅读不同的书。即便对于同一本书，带着不同的目的，也可以采用不同的阅读方式。

从聂震宁先生阅读的“四目的”说来看，求知和应用，这样的阅读具有明显的功利目的，尤其是“读以致用”具有更强烈的功利追求。“读以修为”和“读以致乐”，一般要有一定的阅读境界。对于阅读的功利目的，我们也要坦然面对，如果阅读一点都不带功利色彩，那么当下的阅读状况会更加糟糕。其实，宋真宗的《劝学诗》：“富家不用买良田，书中自有千钟粟。安居不用架高堂，书中自有黄金屋。出门莫恨无人随，书中车马多如簇。娶妻莫恨无良媒，书中自有颜如玉。男儿若遂平生志，六经勤向窗前读。”诗中关于读书的价值就是带有功利色彩的。

聂震宁先生认为，尽管功利性阅读是人的全面发展的大敌，但“读以致用”还是人类社会阅读的主流。成长性阅读、职业性阅读、精英性阅读、研究性阅读，它们的核心当然都是“读以致用”。只要不走极端，不把实用价值看成是阅读、学习的唯一价值，“读以致用”就应当在社会科学文化发展中担负起重大的责任。作者这样来看待学以致用是非常客观的。

说到阅读的目的，台湾出版人郝明义将阅读形象地分为“主食、美食、蔬果、甜食”四种。“主食阅读”又可以称为“生存需求的阅读”，很像是让我们有饱足感的主食；“美食阅读”，又可以称为“思想需求的阅读”，很像是饮食分类里的美食；“蔬果阅读”，又可以称为“工具需求的阅读”，很像是饮食里的蔬菜、水果；“甜食阅读”，又可以称为“休闲需求的阅读”，很像是饮食里的甜食或零食，追求的就是口感。

在郝明义关于阅读的分类中，第一类是实用的，第二类是兼具实用和享受的，第三类是需要的时候才用的，第四类主要就是消遣和娱乐的。这四类阅读，对每个人来说都是需要的，但是应以“主食阅读”为主。

回到聂震宁先生的阅读“四目的”说，一个人的阅读主要还是要以“读以致知”和“读以致用”为主，也就是说以提高自我和解决问题为主要目标。

因此，我们在制订阅读目标的时候，不妨好好审视一下自己阅读的目的，要兼顾“读以致知、读以致用、读以修为、读以致乐”。当我们形成阅读习惯，真正把阅读作为自己的一种生活方式的时候，在阅读过程中就能更多地体验到“读以致乐”的幸福境界了。

还有一点是不容忽视的，当一个人的阅读面越来越广，阅读能力越来越强的时候，阅读兴趣也会越来越浓厚。原来读起来非常困难的书，也会觉得轻松起来，这样读起来也没原先那样的苦不堪言，有时甚至能读出滋味来。

另外，随着自身的成长和发展，对“美食”的需求也会进一步提高。“主食”能满足你学习、工作或者生活上的基本需要，这样的“主食阅读”是必不可少的。但是仅有“主食”是不够的，还必须要有“美食”，例如要有哲学、历史、文学方面的阅读。

每个人都应该对自己的阅读进行一定的规划，在制订规划的时候，不妨参考一下聂震宁先生的阅读“四目的”说，让自己能有更全面、更合理的阅读结构。

非经典不读，你认同吗？

“非经典不读”，是不少人挂在口头的话。有人说，成功在于读一流的书。还有人说得更为极端，不读活人的书。当然，对于一些阅读量已经很大的人来说，一般的书的确是很难入他们的法眼。

不可否认，经典阅读被很多人奉为圭臬。毫无疑问，经典书籍含金量高，多读经典肯定是有好处的。但我觉得，对不同的人来说，经典也应该是不同的。简单地说“非经典不读”，肯定是有失偏颇的。

王余光先生的《与经典同行》和朱永新教授的《书香，也醉人》是同一个系列的。在我国的阅读推广领域，有“北王南徐”的说法，“北王”指的就是北京大学博士生导师王余光教授。

《与经典同行》一书，让我在看待经典阅读这一问题上，有了更深刻的理解。从这本书的书名来看，与经典同行，就是我们亲近经典的一种比较好的方式。

王余光先生把经典分为学科类经典和非学科类经典。我们通常所说的经典指的是非学科类经典。从这个角度来说，非学科类经典大致就是通识类的、适合所有人阅读的经典。

王余光先生认为，所谓的“经典”并没有定论。我们常说的经典，是指那些具有重要影响的、经久不衰的著作，其内容或被大众普遍接受，或在某些专业领域具有典范性与权威性。如果去除专业性的因素，影响力、历史性和广泛性这三个要素是衡量经典的重要标准。

他同时认为，经典有着持久的生命力，如《诗经》《论语》《孟子》《史记》《资治通鉴》《老子》《庄子》《荀子》《韩非子》《楚辞》《文选》《左传》等书。尽管这些书被公认为我国的经典，但是除了专业的研究人员和爱好者之外，其他人是否都有必要去“啃读”这些经典呢？这就是一个很值得思考的问题。

说到经典阅读，意大利的卡尔维诺在《为什么读经典》一书中提出“经典是不断重读的书”。这个观点被很多人引用，俨然成为关于经典的最好解读。而他的这本书也成为很多人心目中最好的阅读指导书。

聂震宁先生认为卡尔维诺所指的经典主要是文学经典，这本书用来指导文学作品的阅读是很不错的。但是，对一些论述型的著作来说，莫提默·J·艾德勒、查尔斯·范多伦的作品《如何阅读一本书》则具更有指导意义。

钱穆先生曾提出关于人生修养的七本必读书，即《论语》《孟子》《老子》《庄子》《六祖坛经》《近思录》《传习录》。对于今天的人们来说，又能“啃读”多少呢？对中国人来说，大多数的经典都是古代的文献，现在有多少人能耐心地去“啃读”文言文写成的经典，如果没有注释和解读，又有多少人能真正读得懂呢？

朱自清先生曾编过《经典常谈心裁》一书，说是给中等教育程度的国民阅读的。而今天我们很多接受过高等教育的人也未必读得进去。可见，“非经典不读”的确有点曲高和寡了。

当然，我们每个人都应该了解一些经典。时任国家图书馆馆长的韩永进也曾在《开讲了》栏目中，专门向观众推荐了《老子绎读》。对于每个人来讲，读一点大众经典和学科经典，可以得到一些源头性的知识，对于提升自身的素养是有一定好处的。

《红楼梦》《西游记》《三国演义》《水浒传》这四部我国的经典名著，是否每个人都要用“啃读”的心态去对待呢？毫无疑问，如果是相关的研究者，必须深入地阅读，才有可能“啃”出研究成果。对于一般的公众，除非自己特别感兴趣，否则没有必要在这四大名著中钻研一辈子。其实，这四本书也仅仅是小说而已，也就是我国文学方面的经典著作。

每个人都可以根据自己的需要，选择一些适合自己阅读的经典著作。比如一些德国的经典哲学著作，对哲学不是很感兴趣的读者就没必要非得去读原典。

《中国青年报》微信公众号推送过题为《放弃吧，这些名著读不下去，不丢人》的文章。文章先是分析了西方人开列的“弃书单”的现象，认为很多名著，现在有不少人都读不下去。不过，也有很多人在调查中认为，“如今有这么多好书被写出来和出版，不必强迫自己读不喜欢的那一本”。该调查也显示，和普通读者一样，很多英国作家也有自己死活读不下去的书。

复旦大学中文系严锋教授认为，人生有涯，千万不要不加选择地读书，很多书不必读，但每个人不必读的书是不一样的，这恰恰为的是更有效地读书。他认为很多的所谓经典著作，没有必要看。的确，对有些人来说，“啃读”某些经典非常有必要，而对于大多数人来说，“啃读”经典则会让他们很痛苦并且也不会有所收获。

毫无疑问，经典有其存在的价值。但是不同的人有不同的经典阅读需求。而且，在人的整个阅读结构中，经典阅读不可能占用其大部分的阅读时间。正如有些人所言，一些经典著作，确实曾在人类历史中发挥过推动社会进步的积极作用，你对它顶礼膜拜就可以了，并不要求你去认真阅读。

不同领域有不同的经典。我们不拒绝经典，但在经典阅读上，要有自己的主动选择，不能为经典所“绑架”。总的来说，无论采取何种阅读方法，亲近、享受适合自己的书籍，才是最终目的。

专业阅读是职业人士的刚需

有些人认为读专业书不是真正的阅读，读那些无用之书才是真正意义上的阅读。在这一点上我一直有不同的看法。个人认为，每个人都应该根据实际情况培养合理的阅读结构。专业类的阅读也可以称为真正的阅读，一个成人的阅读总是有点职业味道的。一个研究哲学的人多读哲学书，难道就不是真正的阅读了吗？一个从事机械制造的人，对该专业的书非常感兴趣并有相关的延伸阅读，难道他的阅读就不能称为真正的阅读了吗？著名学者周国平曾有一个说法，说自己的专业和兴趣结合起来了，这一点让他很幸运。

在网上看到詹福瑞先生的《读书之道》一书，我毫不犹豫地买下来了。詹福瑞先生曾经担任过我国国家图书馆的馆长。在书中，他认为不同阶段的人应该有不同的阅读重点。

詹福瑞先生认为，知识的积累和兴趣的培养是少儿时期的阅读需求，职业与工作需要是青壮年时期的阅读需求，消遣与娱乐是老年时期的阅读需求。可见，不同的年龄段，阅读需求是不同的。

作者认为，少年时期读书，应该倡导无界域阅读，可谓阅读无禁忌，只要内容健康、又不深奥难懂，并且不会伤了少年读者胃口的书，就适宜阅读。

但是，青壮年时期的阅读就完全不同了。作者认为，这一时期的读书，应由知识的积累自然转入到知识的应用上，读书有了极强的目的性和功利性，就是为了适应职业和工作的需要，不断增长知识和工作技能，读书开始进入职业化和专业化的阶段，阅读也由一般性阅读转入研读状态。

可以说，对处于青壮年时期的职场人来说，专业阅读成了刚需。专业化或职业化的读书，是一种很特殊的读书形式，对书的选择性日渐增强，范围也比较狭窄，一般而言，往往是追踪式的阅读，即专注于某一个领域作长期的跟踪。从某种程度上来说，专业阅读有时候是比较枯燥的，这时读书的兴趣实际上就是职业或专业的兴趣，而不在读书本身。

作者还提到英国作家毛姆认为的“读者只能为兴趣乐趣而读”的观点，很适合老年人的阅读。可见，我们在网络上看到的各种名家关于阅读的观点，真的不能全盘吸收，而是要学会具体问题具体分析。

专业阅读也应该是真正的阅读，因为对于职场人来说，专业阅读是刚需。而对于一个人来说，职场生涯是自己人生当中最长的阶段之一。毫无疑问，一个人要想在职场上表现得出色，就必须加强专业阅读，否则是很难在职场立足的。

鲁迅先生也曾提到过职业性阅读的话题。他在《读书杂谈》中提到，所谓职业的读书者，譬如学生因为升学，教员因为要讲功课，不翻翻书，就有些危险的。因为做教员，有时即非看不喜欢看的书不可，要不这样，怕不久便会于饭碗有妨。鲁迅先生认为，教师的读书是一种职业性阅读，即便不喜欢读也得读，因为这关系到自己的饭碗。他也进一步论述道，很多人的职业和嗜好不能合一而来，这样读书人的大部分，大概是勉勉强强的，带着痛苦的职业性的读书。

鲁迅先生关于职业性阅读的论述，其主要观点放在今天也并不过时。职场人的专业阅读，作为职业性阅读，并不一定与自己的爱好相统一，但专业阅读却又必不可少，这样专业阅读就打上了“苦读”的烙印。

关于教师的专业阅读，也是有不同类别的。现实中，不少教师最常见的职业性阅读就是教材、教参和教辅。显然，教师这样的阅读的确称不上真正的阅读。事实上，教师专业阅读的范围是非常广的，除了教好明天的课外，还应关注关系到自身长远发展的各类专业阅读内容。不可否认，教师的很多专业阅读内容完全可以称得上是真正的阅读。

从另一个层面来说，大多数人的阅读兴趣都是后天培养的。既然认识到专业阅读是自身的刚需，那么有意识地培养起自己专业阅读的兴趣，当自己的职业和兴趣爱好合二为一的时候，专业阅读就不再那么痛苦了。

当然，不同行业的人有不同的专业阅读需求，比如一个医生和一个教师的专业阅读肯定是不一样的。如果一个医生从来不读医学类书籍和期刊，一有空就阅读文学类书籍、期刊，那么他是成不了一个好医生的。如果一个医生在专业阅读的基础上，多阅读人文类的书籍，自然会让自己更具人文关怀精神，让自己成为一个格局更大的医生。反之缺少了专业阅读，其他的阅读只能说是兴趣爱好，无助于自己的职业发展。

同理，作为职场人的教师理应有自己阅读的重要方向。阅读专业类的书也是真正的阅读。当然，每个人都要跳出自己的专业，不能只局限于自己专业的一亩三分地，除了专业阅读之外，还应该有消遣性和趣味性的阅读。尤其在当今这样一个日新月异的时代里，我们每个人都需要了解一些新生事物，避免被这个快速发展的时代所淘汰。

可以说，一个职场人最重要的阅读是专业阅读，这一点是毋庸置疑的。尽管这样的阅读具有功利性，但必不可少。对于职场人而言，要逐步培养自己专业阅读的兴趣，不带着痛苦开展专业阅读，这才是职场人的专业阅读之道。

阅读不可“人云亦云”

2015 年 3 月 2 日，我在《中国教育报》上读到《读书是非常个性化的事》一文，作者是复旦大学原图书馆馆长葛剑雄教授。这篇文章是根据他在汕头大学发表的演讲记录整理的，被多家新媒体推送，具有较大的影响力。

这篇文章我非常认真地阅读了。此后，我又关注了葛剑雄教授接受《解放日报》的采访稿，买了他的《读万卷书：葛剑雄自选集》，对他倡导的阅读观有了更深刻的认识。

葛剑雄教授旗帜鲜明地提出，媒体上关于读书的文章不少，但相当一部分是误导。不少自媒体在转发《读书是非常个性化的事》这篇文章时，就用了这样很醒目的标题《葛剑雄：媒体上关于读书的文章不少，但相当一部分是误导》。

在《读书是非常个性化的事》一文中，作者指出关于我们应该怎样读书，每个人都是不一样的。在谈及这个问题时，首先要明确读书是为了什么？不同的目的决定了读书的不同方法和途径。

作者在文中讲述了读书的四个目的，提到“为求知而读：读书就要学会选择；为研究而读：穷尽阅读方可创新；为寻找生命之意而读：当读书成为生命需求；为走向世界而读：能否改变命运取决于怎么读”。考虑到讲座的对象是大学师生，因此，作者特意讲述了第四点“为走向世界而读”。对于一般的读者而言，还是以前三点为主。毫无疑问，不同的阅读目的会带来不同的阅读行为。

葛剑雄教授关于阅读目的的说法，简言之，就是为求知、研究、娱乐的需要。对于不同类型的阅读方式，作者也提出了具体的要求。为研究而做的阅读，则是要穷尽所有的阅读材料，否则就会有遗漏。我觉得，为了研究的阅读，主要是针对专门做研究的学者而言，一般人没必要有那么苛刻的要求，也做不到。作者提到的为了研究的阅读，对一般人而言，可以变通为为了改进工作的阅读，为了完成某个项目的阅读，这样也就是所谓的“读以致用”。

作者在“为求知而读”中提到“读书就要学会选择”，我觉得这是阅读个性化行为的“真谛”所在。作者提到，现在的书，无论是纸质本还是数字化的，数量都远远超出了个人的接受能力，哪怕你有一目十行的本事也不行，所以读书要学会选择。尤其在这个终身学习和阅读资源极丰富的时代，为自己选择合适的书显得尤为重要。

作者认为，要学好知识，不一定要去找最权威、最高级的书来看。这是因为，人们通常一开始接受不了太过深奥的东西。所以，应该选择一本最适合自己的书。学会选择，才会使人们在有限的时间和精力中获取更好的结果。这个选择既要有质的选择、量的选择，也要有阶段性的选择。比如刚刚入门，就不是去看什么原典、经典，而应先看入门的书。

葛剑雄教授关于经典阅读的看法，很值得我们思考。他认为，如果做研究的话，当然要学经典，也必须看经典。但作为一般性求知的话，就没有这个必要了，也没有这种可能。事实上，一个人的精力是有限的，能力也是有限的。现代社会知识越来越复杂，内部的分工也越来越细化，如果不解释一下，别人可能都不知道你在研究什么。这种情况下，一味地强调什么都要看经典、什么都要读原典，很难做得到。于是，他甚至说：“盲目读经典，也会误人子弟。”

葛剑雄教授的阅读观，概言之，就是对于具体的个体来说，阅读没有统一的方程式，更多的是根据自己的需要，找到适合自己的阅读方式，从而实现按需阅读的目的。在不同时期、不同阶段，每个人都会有自己阅读的着眼点和兴趣点。“碰到媒体或其他人让我推荐书，我一概拒绝，因为读书是非常个性化的事情，给不了解的人推荐书有时候会帮倒忙。”葛剑雄教授的这个观点，提醒我们要谨慎地看待各类书单，不要盲目相信所谓的权威推荐。

从阅读是个性化的行为来说，我觉得可以考虑以下三个方面的阅读。

一是聚焦式阅读。这样的阅读，主要是基于解决某个问题需要的阅读，也可以说是一种专题式的阅读。比如为了上好一节研讨课、为了做好一个课题、为了完成一个项目等，进行相关书籍、期刊、网络文章的阅读。这样的阅读，其实就是最常见的“学以致用”型阅读。

二是日常式阅读。这就是一个人日常的阅读行为，比如经常性地关注一些新出版的书，经常阅读相关的期刊或进行一些数字化阅读等。日常式阅读主要是形成阅读的习惯，把阅读当成自己的一种生活方式。日常式阅读也是积累式的阅读，按照时间管理的说法，就是重要而不紧急的事，但往往容易被人忽视。如果一个人能在这方面的阅读多花点时间，对于自己的成长是很有好处的。

三是长远式阅读。这其实就是我们通常所说的经典阅读。我们不能被经典“绑架”，盲目读经典，但是根据自己的需要，选择一些经典著作或者是属于自己的根本书籍，常读常新。比如关于我国传统文化方面的《论语》和《道德经》等，可以多看看。每个人还可以根据自己的专业，选择一些专业方面的经典著作，经常翻翻。

学会选择，根据自己的需要来构建个性化的阅读行为，做到不“人云亦云”，让阅读成为自己的一种生活方式，这样在阅读中会更有收获。

你还“亲自读书”吗？

2019 年新年伊始，《新华每日电讯》“草地”周刊推出“走进名人书房”专栏，第一期推出的就是北京大学中文系教授陈平原和夫人夏晓虹老师的书房。根据作者的描述，客厅、餐厅以及通往厨房的墙体都是书架，几乎看不到露出来的墙，且整个客厅堆满了书籍、杂志和资料。此外，陈平原教授和夏晓虹老师还各自有个书房，也被书挤得满满的。被《新华每日电讯》首期推出，这也足以见得陈平原教授在读书圈内的知名度和影响力。

关于陈平原教授，我曾听过这样一个故事，说他专门买了一套房子作为自己的书房。在北京，专门买房子作书房，一方面说明其有较强的经济实力，另一方面也说明了当事人对书的挚爱。后来，我陆续在《人民日报》上读到了陈平原教授的《人生的压舱石》《坚守自家的阅读立场》等文章。

2015 年在网上看到陈平原教授的著作《读书是件好玩的事》，通过阅读这本书，对陈平原教授的阅读观有了更进一步的认识。

我觉得陈平原教授比较真诚，不做作。他认为，读书很快乐，但读书也很艰难，凡只说一面的，都是骗人。正因为读书“苦乐相伴”，既有挑战性又不是高不可攀，普通人只要愿意，都能实现。基于此，他才说读书“真好玩”。这样的说法是辩证的，因为在很多时候，有些书并不是自己真正想读的，但又不得不读，因此，不是所有的读书都能称得上是快乐的。“苦乐相伴”，才是读书的真滋味呀！

客观地讲，现在的阅读发生了很大的变化，手机阅读、知识付费等方式，导致很多人的阅读被弄得支离破碎。在问及如何让更多的人投入到阅读这样一件好玩的事当中时，陈平原教授给出了自己的答案。

他认为应该区分两种不同性质的阅读，即专业性阅读和兴趣性阅读。专业性质的读书不可避免地带有功利性，你想做什么研究，得尽可能穷尽相关资料，不管那些资料有趣无趣，你都得读。兴趣性阅读，不是为了做课题，而是更多地考虑自己的兴趣。在他看来，现在的大学里，有很多人已经丧失了凭个人兴趣读书的意愿和能力，所有的阅读都是为了撰写论文。

谈及读与写的关系，陈平原教授举了个很实际、很值得思考的例子。比如读书有心得，忍不住写作，那很好；但只是为了写作而读书，你的趣味就会变得很狭隘了。可见，即便最后都有固化的写作成果，但究竟是为写而读，还是读了有感而发，性质是完全不同的。

陈平原教授很好地处理了专业性阅读和趣味性阅读之间的关系，找到了一种平衡。他认为坐拥书城和漫卷诗书的好处，就是在专业阅读之外，保留另外一种阅读的姿态与乐趣。同时，他认为不能完全排斥网络阅读、手机阅读，他自己也有不少片段式的阅读，但那是以书斋里正襟危坐的读书作为底子的。换句话说，他非常强调传统意义上的深阅读，要有自己的阅读立场，否则的话，就会被现在很多似是而非的资讯所冲击。

陈平原教授认为，阅读在“专业化”和“业余性”之间保持必要的张力是非常重要的，显然“两耳不闻窗外事，一心只读专业书”和“想读就读，无意或无力成为专业人士”的这两种阅读极端是不现实的。他觉得，既想成为杰出的专家，又希望保留阅读的乐趣，这条路虽然艰难，但同样也是最值得期许的。

在谈及名人对读书的看法时，陈平原教授提醒我们一定要保持警惕，名人的发言都有特定的语境，不能无条件接受。这一点很值得我们注意。

陈平原教授强调亲自读书的重要性，他把吃饭和读书进行了类比。认为饭要亲口尝，书要亲自读。因为吃饭以及阅读过程本身就充满了乐趣，如果有一天人类不再需要咀嚼，按一下按钮肚子就饱了，营养也足够了，那并非福音，会少了很多的乐趣。可见，亲自读书才能体会到阅读当中的苦与乐，阅读真正的乐趣其实是在过程中。

他认为，影响当代中国人阅读兴趣的，除了计算机强大的检索功能外，还有摘要与缩写。摘要与缩写，本是发挥辅助性功能的，让工作繁忙的现代人得以用最短的时间，获得你所需要的信息。然后，你再按图索骥，寻找喜欢的文本，亲自阅读。但是，现实中很多人只读名著的摘要或缩写，以为这样就行了，不再去翻看厚厚的原著。可见，很多人都不再亲自阅读了。

陈平原教授在强调"亲自读书"的重要性的时候，还没有出现"别人代读"的做法。比如逻辑思维、樊登读书会就是以"替你读书"为招牌的。而这样的"替你读书"却非常有市场，很多人认为这种方式促进了自己的阅读而沾沾自喜，殊不知自己是在听其他人咀嚼过的内容，是"替你读书者"的感悟，而非原著所要表达的意思。大力倡导"亲自读书"的陈平原教授，看到"替你读书"的市场这么红火，真不知道会发出什么样的感叹！

客观地说，现在听书的市场非常火，各类听书软件也层出不穷。我们也不能无视听书这种现实需求的存在，因为现代人有很多碎片时间，手机等便携移动终端具有利用碎片时间来听书的条件。我们可以把听书作为日常阅读的一种补充，一种主食之外的零食，但绝不能过于拔高听书的地位，甚至将其作为最主要的阅读方式，否则的话，就是典型的本末倒置了。

每一个人都是读者。我们总会面对各种不同性质的阅读材料，有的自己喜欢，有的并不喜欢。我们都应该有自己的阅读立场，真正意识到"亲自读书"的重要性，不外包阅读的过程，亲自去感悟阅读的过程，在过程中享受阅读带来的苦与乐，体会读书的真滋味。我们要让自己的阅读保持张力，在专业性阅读和趣味性阅读中找到一种平衡。

另外，我们不妨向陈平原教授学习，为自己建一个书房，以营造一个更好的阅读环境。

“读不懂”敲响阅读警钟

近年来，读了不少日本学者写的关于阅读方面的书。接触的第一本日本学者的书是外山滋比古的《阅读整理学》。这本书中提到了“读不懂”的话题，引发了我对阅读力这个话题的思考。

外山滋比古认为，阅读应该分为两种类型：一种是阅读已知信息的 α 型阅读，另一种是阅读未知信息的 β 型阅读。他指出，虽然大部分人更偏爱轻松愉快的 α 型阅读，但具有挑战性的 β 型阅读才是让人打开大脑、收获新知的最佳途径。现实中，很多人喜欢阅读轻松的材料，不大愿意读内容艰涩的书。或许，这就是人的天性。现在，很多人都愿意读故事类的文章或书籍。比如咪蒙就非常善于讲故事，尽管很多人批判她，她还是拥有了很多粉丝。又如现在微信公众号上的那些爆款文章也都是讲故事类的。但是，对一个人的阅读来说，仅仅阅读故事类的书，读自己读得懂的书，无益于自己的发展和提升。

在《阅读整理学》一书中，作者提到了一个最具代表性的事例。一些文学专家读不懂科技说明书，不反省自己却认为说明书有错。事实上，文章如果在陈述完全未知的事物时，对读者而言，就像在读取密码一般，不该抱着快速读一遍就期望完全理解的想法，因为阅读时需要运用想象力，找出文章脉络，判断文章的意思等高难度的认知。而这些文学专家如果按照阅读文学作品的思路来阅读科技说明书，很自然会遭遇困境。很多参加过高考的人都有这样的体会，在语文试卷中，科技类说明文最难懂，因为读到的都是未知的信息，无法纳入原有的认知结构，所以很难理解。

可见，过多阅读已知的事物对我们没有什么裨益。阅读未知的事物会让我们习得新知识，让阅读成为有价值的行为。也就是说，如果一个人老是阅读自己已知的内容，在阅读能力的培养上是不会有所长进的。

外山滋比古在书中提到，如果一个人老是读一些浅显的内容，就会慢慢失去阅读的毅力，遇到稍微困难的文章，立刻会以无趣为由放弃阅读。正如在手机上的浅阅读多了，很多人连阅读1500字以上的材料都没有耐心了。

作者在书中举了个形象的例子，他觉得对很多人来说社论是非常遥远的世界，或许有人一生阅读报纸，却没有读过一篇社论。作者认为，读社论文章，不能采用阅读既知事物的方式，而是需要一边思考，一边阅读。很多地方必须运用想象力去弥补，是要努力才能阅读的文章，这会让人产生抗拒。也就是说，读社论文章相当于阅读未知事物的β型阅读。作者也进一步提到，虽然日本被喻为喜好阅读的国家，大部分的人却是在阅读既知的信息，只有极少数人会读批评性、评论性的文章。最好的证据就是很少有人读报纸的社论。

针对β型阅读，可以通过不断阅读内容难懂的书本，达到阅读未知的境界。在β型阅读中，若遇到太难解读的东西读者会被难住，因此没有相当的求知欲望是很难成功的。作者认为，宗教、哲学、心理学方面的书是属于β型阅读的书籍，的确这样的书往往需要采取“啃读”的态度才能读得下去。

此后，我又读了日本教育学教授斋藤孝的《阅读的力量》《深阅读》《经典的魅力》等书。

斋藤孝教授认为，只要是像样点的书，读完上百册，至少阅读已经形成了一种习惯，读书量方面的不稳定因素已经淡化。平时再怎样忙，读书也不再成为多大的精神负担。且读书量越大，理解能力就会越强。不过作者也提到，不能将学者或一些特殊读书人的情况作为衡量阅读能力的标准，因为对他们来说，阅读是职业的一部分。

如果在理解方面没有主动性，阅读将不能成为习惯。读书的习惯，只有态度积极的人才会养成。

在斋藤孝教授看来，阅读的力量与阅读的数量成正比。他称读书是一种体育运动，因为读书跟体育运动一样有一个提高的过程。搞体育出身的人，擅长理解单调枯燥的反复练习的重要性，只要踏入了阅读的世界，就非常容易掌握阅读的能力。

其实，我国也面临着国民阅读力亟待提高的现状。客观地说，我国国民的整体阅读状况并不理想，不少有识之士已指出，在推进全民阅读的进程中，既要关注阅读率，也要提高阅读力。

阅读力，包括阅读的动力、阅读的能力、阅读的毅力等，要提高阅读力，必须要有“啃读”的精神，需要有意识地静下心来，去读一些高于自己阅读水平的书。

前几年，雾满拦江的《你看的书暴露了你的社会阶层》一度在朋友圈刷屏。在这篇文章中，雾满拦江通过中美大学生阅读书目差异的对比，指出了我国大学生在阅读方面的不足。中国大学生阅读书单中排在前十名的基本上都是小说，而美国大学生书单中排在前十名的大多是经典的政治学、哲学、经济学著作。也就是说，中国的大学生较少阅读需要更具想象力的书籍，较少阅读具有国际视野的书籍，较少阅读综合类或具有普遍意义的自然科学和社会科学领域的书籍。

雾满拦江把书分为纯娱乐小说、传统经典小说、史哲领域、思想领域、自成体系这五个类别。在中国不少高校的阅读排行榜里，《平凡的世界》连续多年排名第一。客观地说，《平凡的世界》的确是一本很好的小说，也激励了很多人积极向上的生活态度。但这毕竟也只是经典小说，跟雾满拦江提到的其他类别的书还是有很大的差距。在很多高校，《盗墓笔记》都赫然入选阅读排行榜，这真的很发人深省。

现在，在浅阅读的攻势下，很多人都没有耐心去阅读大部头的书了。2013年，《新华每日电讯》曾对广西师范大学出版社发布的“死活读不下去排行榜”进行过报道。不可思议的是，我国古代四大名著全部都排在前十名，其中《红楼梦》高居榜首。前十名中，《钢铁是怎样炼成的》《百年孤独》《尤利西斯》等曾经影响了几代人的经典名著都不幸入选。

试想，一个人如果长期沉浸在浅阅读中，阅读力的弱化也会成为一种必然。因此，在充分利用浅阅读的便利的同时，更要把深度阅读放到重要的地位来对待。“读不懂”真的敲响了阅读的警钟，值得每一个人深思。

拔高一层看阅读是时代所需

在2013年全国“两会”期间，《光明日报》用一个整版刊登了《全民阅读：我们期待的国家战略》。此后不久，《光明日报》又刊发了朱永新教授的《把全民阅读作为国家战略》一文。2013年7月，国家开始立法推动全民阅读的有关消息也见诸报端。全民阅读，上升到从国家战略的高度去看待，让我对阅读的意义和价值有了进一步的认识。

我重新翻阅朱永新教授的《给中国教育的100条建议》一书时，发现他很早就建议从国家战略的高度去推进全民阅读。如果从国家战略的高度来看待全民阅读的话，那么阅读不仅是个人的事，也是关系到国家和民族的大事。这让我想到了朱永新教授关于阅读的四句话：一个人的精神发育史就是他的阅读史；一个民族的精神境界取决于这个民族的阅读水平；一个没有阅读的学校永远也不可能有真正的教育；一个书香充盈的城市才能成为真正的家园。

《中国教育报》曾刊发过一篇题为《推动阅读，就是推动社会进步》的文章，提及每一个人如果都能成为全民阅读的积极践行者和推动者的话，我们就会成为推动社会进步的微力量。

在2006年，中共中央宣传部和原国家新闻出版总署会同相关部门组织发起了全国范围内的全民阅读活动。同年，我也参加了两个与此相关的读书活动，一个是宁波市教育系统组织的“读好书促发展”活动，另一个是《浙江教育报·教师周刊》开展的教师读书征文比赛。这两项活动对我自身以及推动教师阅读均产生了积极的影响。

自2006年以来，我逐步走上了阅读之路，先后领跑了一所学校和一个区域的阅读团队，并成为推动阅读的微力量。因为要成为阅读团队的领头人，我自己也要多阅读。这样，本来已经形成阅读习惯的我，自然要将阅读进行到底了。无形之中，我所开展的推动教师阅读的实践活动有了和国家所倡导的全民阅读同频共振的味道。

对我而言，真的要感谢国家大力推动全民阅读的春风，因为我在推动教师阅读上做了点儿实事，也收获了很多意外的惊喜。

我敏锐地意识到，在国家大力推动全民阅读的时代背景下，教师应该扮演什么角色的问题很值得思考。我认为，教师由于自己的职业特点，理应成为全民阅读的先行者和领跑者。由于我负责所在学校推动教师阅读的工作，因此对媒体上关于教师阅读状况的报道一直很关注，也积累了比较多的素材。而很多学校想推动教师阅读，并没有达到预期的效果。在教师整体阅读状况还不容乐观的当下，我觉得结合自身成长和推动仁爱中学教师阅读实践写一本书，应该会有价值。

2014年4月，我撰写的《教师阅读力》由宁波出版社正式出版。这本书出版之后，广受好评，先后入选中国教育新闻网教师暑期阅读推荐书目、中国教育新闻网影响教师的100本书、浙江教师喜爱的20本书、《教师教育论坛》评选的年度十佳好书，先后印刷8次，发行量超过28000册。

《教师阅读力》这本书中有一篇《教师要做全民阅读的先行者》的文章，《浙江教育报》以这个标题对我进行了报道。因为这篇报道，我成为2015年度浙江教育年度人物评选的候选人，并有幸当选为2015年度十大年度影响力人物。我并没做什么惊天动地的大事，只是在全民阅读的时代，多做了点推动教师阅读的工作。

此外，我还获得了《中国教育报》十大读书推动人物提名，《中国教育报》以《刘波：教师应成为全民阅读的先行者》为题对我进行了介绍。我还成为宁波市首批中小学阅读推广人，有幸在宁波市教育系统读书节开幕式上做主题发言。可以说，在加强自身阅读和推动教师阅读的过程中，我意外收获了很多副产品。

从基层学校调到区教科所工作后，我更有信心去推动区域教师阅读了，并且取得了明显成效。这让我更加深刻地认识到在国家大力推动全民阅读的大背景下，教师阅读会越来越受到重视。

拔高一层看阅读，每个人的阅读行为将成为提升国家软实力的重要组成部分。有学者认为，一个国家，要是每一个人都有很强的阅读能力，那么这个国家一定大有潜力可挖。

2019 年 3 月 14 日，在宁波市阅读学会第二次代表大会暨阅读推广论坛上，我听到了中国阅读学研究会前会长徐雁教授《“三位一体”推广方略与全民阅读立法促进》的讲座，对“学习型家庭 + 书香校园 + 图书馆阅读推广”的“三位一体”的全民阅读推广方略有了更深刻的认识。

在 2019 年全国人民代表大会上李克强总理所做的政府工作报告中，我没有发现“全民阅读”的字眼。随后，我看到《中国新闻出版广电报》的微信公众号中在持续关注全民阅读的内容。3 月 16 日，我又在这一微信公众号上看到了相关信息，说“倡导全民阅读”再次被补充写入了《政府工作报告》，这样全民阅读就“六入”《政府工作报告》了。可见，推进全民阅读的重要性真的毋庸置疑呀。

借着国家大力推动全民阅读的东风，如何让自己成为一个爱读书之人，值得每一个人思考并付诸实践。

坚持“读写结合”，价值何在？

《教师教育论坛》杂志在2015年12月曾以《阅读与写作就是我的生活方式——访上海市虹口区教育局局长常生龙》为题发过一篇访谈稿。作者提到，从特级教师到地方教育部门的管理者，上海市虹口区教育局局长常生龙坚持阅读与写作长达10年之久，在实践中积累了大量的经验并形成了自己独到的见解。这篇访谈稿揭示了教育理论与实践皆证明的路子：阅读与写作是实现教师专业成长的有效途径。

作为常生龙先生的忠实读者，我读了这篇文章很受触动，还写了篇题为《让阅读和写作成为教师专业成长的“助推器”》，作为回应文章，刊发在《教师教育论坛》2016年6月刊上。

自2005年成为上海市特级教师后，常生龙先生坚持每周读一本书，并写出3000字左右的读书心得，在自己的博客上发表，这样一做就是10年。2015年，源创图书策划出版的《读书是教师最好的修行》一书由教育科学出版社出版，就是从他10年的读书心得中精选出来的。这本书出版后，在当当网一直很畅销，总发行量超过10万册，创造了教育类著作的销量奇迹。他的“读写结合”的做法，并没有因为这本书的出版而终止，而是一直坚持下来了，每周依然在博客上发表一篇读书心得。此后，他又先后出版了《给教师的五把钥匙》和《让教育更明亮》，均获得读者的好评。

从教师到校长，从校长到教育局局长，再从教育局局长到教育考试院副院长，长期的“读写结合”，让他在不同的岗位上均扮演好了自己的角色。

"读写结合"主要有两个层面：一是"以读促写"，即通过阅读促进写作；二是"以写促读"，即通过写作促进阅读。对于一个形成"读写结合"习惯的人来说，这两者是相互促进的。

近年来，很多主流的教育媒体都刊有常生龙先生的作品。正是这种不间断的输入，使得他有着源源不断的输出。

写读书心得，不仅能提高阅读的效果，同样也能锻炼自己的写作能力，提高思维水平。2018 年 2 月，《人民教育》的微信公众号推送了《给教师的五把钥匙》一书中的一篇文章《为什么写了那么多书却写不好一篇读书笔记？特级教师来支着了!》，公开了常生龙先生的"读写结合"经。

这些年，我读的书也不算少，尤其是教育类的著作读了很多。有些教育类的新书，我刚捧在手上，常生龙先生的博客上就挂出读书心得了。这种情况经常让我感慨不已：我没有养成读了就写的习惯，即便写也写不出那样深刻的见解来。或许，这就是与常先生长期坚持"读写结合"造成的差距。

以 2018 年为例，常生龙先生共写了 53 本书的读书心得挂在博客上。据他自己介绍，教育类书籍的阅读，依然是阅读的主线。2018 年的阅读，他主要聚焦于几个领域：一是学校层面的教育改革，如北京市十一学校、中关村三小、清华大学附属小学等学校的现代学校制度建设、学校结构性改革、学校经验的传播与复制。二是教师层面的优秀经验，如美国年度教师的优秀经验、李希贵的教育艺术。三是当前教育改革的热点话题，比如核心素养、脑科学、翻转课堂、混龄教学等。四是教育教学的经典著作和新时代的教育理论探索。

作为一个教育行政官员和教育专家，尽管常生龙先生的涉猎面很广，但总体还是以教育类书籍为主，这也是做到了职业性阅读与趣味性阅读的一种平衡。

写作也是最好的阅读，有时候适当地逼一逼自己也是有好处的。常生龙先生因为坚持每周发一篇读书心得在博客上，这种自找的外在压力也让他不敢懈怠，由此进一步提高了阅读的质量。

常生龙先生从普通教师起步，在评上特级教师后仍坚持读书写作，十几年如一日。曾有知名教师戏言，评上特级教师后，还有多少人在四年后能发出有影响力的声音？客观地说，作为“地方粮票”的特级教师，尽管不同省份评选的标准并不一致，但总体上说并不容易。以浙江省为例，四年一次的特级教师评选，如果参评者未成功的话，那么参评下一轮的特级教师，原先的各项成果就不能再用了，而是要用最近四年的，所以落选者再参评就需要很大的勇气。在现实中，很多优秀教师获得了“特级教师”的荣誉称号后，往往会有“船到码头车到站”的感觉，在专业成长上的拼劲上就不足了。而常生龙先生多年来坚持“读写结合”，不仅在自己的学科领域上依然能发挥专业引领作用，而且成为全国知名的学者型教育行政官员和教育专家。

网络上经常有人发问，读了书怎么没什么效果呀？一方面，阅读是慢艺术，阅读效果需要较长的时间才能显现出来。另一方面，很多人没有做到“读写结合”。其实，“读写结合”最大的好处就是能促进思考。好好写一篇读书心得，不仅能提高一本书的阅读效果，还能锻炼自己的写作能力和思考能力，时间长了，肯定会有较大的收获。

当然，每个人的发展机遇并不相同，即便是坚持“读写结合”，也不一定能达到像常生龙先生那样的高度。但一个坚持“读写结合”的人，必然会是一个不断超越自我的人。一个教师，如果长期坚持“读写结合”，未来一定会遇见更好的自己。

第二辑　真正走进教师阅读

教师阅读是一种“职业性”阅读。这就表明，教师阅读和其他行业从业者的阅读是不同的，同时也说明教师阅读不是率性而为的。教师阅读需要有整体的规划，形成合理的结构，注重不同类别书籍的营养均衡。

我关注教师阅读已有10多年的历史了，对教师阅读的现状、存在的问题、改进的方向等都有着深刻的认识。教师阅读要以专业阅读为主，这一点已有很多资料可以验证。而现实状况恰恰是教师的专业阅读还不够，这一点尤其值得教师们关注。

行政力量是否有助于推动教师阅读？教师为什么要成为阅读推广人？教师如何把“碎片化”阅读“系统化”？教师如何为自己寻找适合之书？教师如何做微信阅读的智者？如何看待教师阅读的功利心？教师确立阅读目标的重要性何在？这些教师阅读中存在的现实问题，在本辑内容中都可以找到答案。

其中的许多做法，基本上都是我实践过的，门槛不高，可操作性强，可以为有心在阅读上有所作为的教师提供借鉴，帮助你们少走弯路。

教师阅读为什么是“职业性”阅读？

什么是教师阅读？这是值得每一位教师思考的问题。教师阅读，是一种“职业性”阅读，跟其他群体的阅读是不同的。我认为要从三个层面来看待教师阅读。教师阅读首先是作为有一定素养的现代人所要阅读的书，比如黄仁宇的《万历十五年》就属于这一类。其次是从事教师这一职业所要阅读的书，或者是作为一名教育工作者所要读的书，主要是一些通用的教育类的书，比如苏霍姆林斯基的《给教师的建议》。再次就是具体的教师岗位需要阅读的书，比如语文老师、数学老师具有不同的学科阅读需求，班主任、学校行政管理人员也有不同的阅读需求。

在众多关于教师阅读的定义中，北京市海淀区教科院院长吴颖慧对教师阅读的定义比较理性，值得我们借鉴。她认为，教师阅读主要指提升教师人文内涵、文化品位、精神品位、人格品位、思维品位的“职业性”阅读。也就是说，教师阅读是指向教师成长的“职业性”阅读。

2016 年 10 月，《中国教育报》发布了《中国中小学教师基础阅读书目》，并配发了朱永新教授的《专业阅读造就幸福教师》一文。在这篇文章中，朱永新教授认为，没有阅读，就没有真正的教育。没有专业阅读，就无法造就真正的教师。每个群体、每个职业都有自己的特点，阅读的结构会不一样，会有自己这个群体、这个职业的专业书目。教师的职业特点和教师的专业要求，当然对教师的专业阅读提出了特殊要求。可见，教师的专业阅读必须引起高度重视。

《中国中小学教师基础阅读书目》是由朱永新教授领衔的新教育研究院新阅

读研究所历经3年的时间研制出来的，共有100本书，其中30本为基础书目，70本为推荐书目。在这两类书目中，均分为职业认同、专业发展、视野拓展三大类。

30本基础书目中，职业认同类的书占7本，专业发展类的书占15本，视野拓展类的书为8本。也就是说，专业发展类的书占了书目的50%，而职业认同类的书，比如《给教师的建议》《第56号教室的奇迹》《过去的教师》《教学勇气》等，基本上都是教育方面的。也就是说，在30本基础书目中，与教育学、心理学相关的专业类的书占了70%以上。

这个书目不分学科，适合所有教师阅读。这也就是前面所分三个层次中第二个层次的从事教师这一职业所要阅读的书。可见，从教师阅读来看，专业方面的阅读要占教师阅读的大部分。而且，这个还不包括进一步的具体学科和具体工作领域的阅读。如果再加上这方面的阅读，所占的比例还要大。

周国平认为教师读专业书就像厨师读菜谱一样，不能算是真正的阅读。我觉得这一点是需要重新认识的，周国平是把教师专业阅读给窄化了。教师专业阅读是超越学科的，更是超越课堂教学的。因此，教师需要理直气壮地坚持专业阅读，这是名副其实的阅读。

有人认为，教师为了上好课而阅读，这是一种“职业性”的阅读，而非趣味性的阅读。但是，从终身备课的角度来看，阅读是最好的备课。那么这个广义上的专业阅读，就不能仅仅认定为“职业性”阅读了。如果教师把提高课堂教学质量作为自己毕生的追求，那么为上好课而开展的阅读，把职业性和趣味性结合起来，教师自然也能在这样的阅读中感受到乐趣。

事实上，教师专业阅读的范围是比较宽泛的。正如《中国中小学教师基础阅读书目》中，排在第一类的阅读就是职业认同类的。这样的阅读，并不一定能直接影响到明天的教学，但会进一步增强自己的职业认同，认识到自己职业的意义，会对自己的职场生涯产生很大的影响。

客观地说，有些促进教师专业成长的教育理论性的书籍，对于阅读基础不怎么扎实的教师来说，读起来是非常累的，很难读懂，也很难享受到阅读的乐趣。

当然，教师的专业阅读兴趣也主要在于后天的培养，如果职业认同加强了，对专业阅读的重要性认识更加到位了，那么在一定量的专业阅读的基础上，自然会提高专业阅读力，能从中收获更多。从这个角度来看，教师的专业阅读要有“爬楼梯”的意识，要注意在难度上循序渐进。

正如周国平所言，他很幸福，他把自己的专业阅读和自己的兴趣爱好结合起来了。对教师而言，同样可以把自己的专业阅读和兴趣爱好结合起来。试想，当一位教师用趣味性阅读的态度来对待自己的专业阅读的话，那自然是一件美事了。

教师阅读，从根本上说是一种“职业性”的阅读。除了必要的消遣性的阅读外，更重要的是专业的精进和职业素养的提升。从这个意义上说，教师阅读不应是率性而为的。因此，教师的专业阅读，不妨参照一下《中国中小学教师基础阅读书目》，来给自己制订一个阅读上的整体规划和具体计划，这样，可以让自己的专业阅读更有针对性和实效性。

这个书目出来之后，我也按图索骥，买了《孔子传》《毓老师说大学》《一篇读罢头飞雪，重读马克思》等书，从而更从容地走在专业阅读的路上。

教师阅读状况不理想体现在哪里？

在国家大力推进全民阅读，全民阅读成为国家战略的呼声越来越高的今天，中小学教师的职业特点决定了自身要成为全民阅读的先行者和示范者。换言之，中小学教师理应成为名副其实的爱读人。

爱读是中小学教师在阅读上的应然状态，那么现实中，中小学教师在阅读上的实然状态又如何呢？我在这方面进行了多年的观察，总体来说，我国教师的阅读状况并不理想。这个不理想，主要体现在两个方面，一是阅读量不大，二是阅读品质不高。

从教师的阅读量来看，教师整体的阅读数量不多，阅读的积极性不够高。教师阅读量不足的问题可以从两个方面来审视。

一是媒体的相关报道。2007 年 4 月，《新华每日电讯》刊发了《有些中小学教师几乎不读“教外书”》的报道，并配发了《功利“驱逐”书香，忽传教师“不读书”》的评论。作为教师一分子的我看到后有种脸红的感觉，自己暗暗下决心，千万不能沦为“不读书”一族。

此后，《现代教育报》《浙江教育报》等多家媒体的报道均显示教师的阅读量不理想。尤其是 2014 年 9 月，《上海教育》杂志用 10 个页码对上海市中小学、幼儿园教师的阅读状况进行了聚焦，相关的数据触目惊心。如教师阅读时间短：82% 的教师每天阅读时间少于 1 小时。其中，阅读时间达 90 分钟以上的仅占 6%，60—90 分钟的占 12%，30—60 分钟的占 48%，另有 34% 的教师每天阅读时间在 30 分钟以下。教师读书数量少：61% 的教师在过去一年里读过的书不超过 4 本。其中，3—4 本的占 32%，1—2 本的占 26%，还有 3% 的教师一本都没读过。

二是相关的书籍和文章。《中国教育报·读书周刊》先后发表过教师阅读推广人朱永通多篇关于教师阅读的文章，如 2013 年的《教师，何以在阅读中生存》，2014 年的《过有思考的教书生活》，2016 年的《阅读经典，踏上发现自己的旅程》。这些文章被多家网站或自媒体转载，在全国具有较大的影响力。

2018 年 1 月 8 日，朱永通在《中国教育报·读书周刊》上刊发的《靠近书，以解教育的乡愁》一文中指出，他到各地与教师交流阅读的话题，各地校长们的吐槽如出一辙：为了让教师读书，我们能想的办法都想了，但效果不是很理想。朱永通认为，校长的苦恼印证了他对教师阅读现状的基本判断：不容乐观。还进一步说明，他身边教师朋友很多，但他们当中鲜有喜欢读书的。有些新媒体在转发这篇文章时，还以《教育最大的乡愁是教师不读书》为题，引用朱永通最新文章中的数据，更能说明当下教师的整体阅读现状。

《中小学管理》2018 年第 1 期刊发了特级教师李镇西的《做儿童的领读者》一文，文中他指出现在中国教育最大的问题是，不少要求孩子读书的教师或家长，自己却不读书。上海平和双语学校校长万玮在《教师的五重境界》一书中提到，他在自己工作的学校里一直倡导年轻教师读书、写作，也有很多班主任抱怨，工作那么忙，哪有时间啊！这也可以看出万玮所在学校教师的阅读状况不甚理想，同时也说明了忙碌是教师远离阅读的普遍理由。

教师的阅读品质不高，专业性不强，同样是一个不容忽视的问题。

人大复印资料《中小学学校管理》2014 年第 10 期曾全文转载了原先发表在《上海教育科研》上的《上海市中学班主任阅读状况的调查》一文。客观地说，此前期刊上鲜有发表有关班主任阅读状况的调查文章，而这篇文章被人大复印资料全文转载，应该比较有分量。这篇调查报告指出，中学班主任的书籍阅读集中于人文类，报刊阅读集中于休闲类，网络阅读集中于新闻类。总体而言，对于教育类，特别是与班主任工作相关的专业类书籍、报刊及网上内容，阅读较少。为此，班主任除阅读量需要提升外，一个更为重要的方面则是阅读质量及阅读内涵需要提升，也就是需要提升班主任的阅读品质。作为一名中学班主任，面对人格、知识快速成长的中学生，更应该加强专业性的阅读，而不仅是娱乐、休闲性的浅阅读。

由于我国目前并没有专职的班主任，班主任同时又是学科教师，相比较而言，对班主任专业阅读的要求更高一些。从这份中学班主任阅读的调查报告来看，教师阅读需要增加专业性的内容。此后，我还发现同期也有上海市小学班主任阅读状况的调查，其调查结果与中学班主任没有多大区别，小学班主任阅读缺乏专业性的形势同样严峻。

于是，结合对上海市中小学班主任阅读状况的研读和思考，我写了一篇《教师阅读需要“专业味”》，在2015年3月的《今日教育》上刊发。

此外，很多教师喜欢读案例类的书。比如获“全美最佳教师奖”的雷夫的《第56号教室的奇迹》就属于案例类的，这一类书很受教师好评。《浙江教育报》曾对参加浙江省教师读书征文比赛教师的所读书目进行过统计，有好几年都是雷夫的书排在第一。教师可以看案例类的书，但仅仅看这一类的书，教师的专业阅读水平很难得到提高。从某种程度来看，这也是教师阅读品质不高的一个具体体现。2017年1月，《浙江教育报》对上一年度参加浙江省教师读书征文比赛的情况进行了一个点评，明确指出，教师阅读品质与其他行业并没有本质的区别。

《中小学管理》杂志的主编孙金鑫曾在该刊物的“卷首”发表过《改造我们的文风》一文。在文中，她指出每次浏览各种来稿，总有无数纠结与无奈。经常感慨：为什么这么多优秀的教育人，想得好、干得好、讲得好，就是写不好？她期待作者能够意识到自己研究的价值，不仅仅是写故事，更要写道理、写原理、写升华出的深刻意义与普遍价值。从某种程度上说，中小学校长和教师写不好的背后，与阅读品质不高也有很大的关系。

改进中小学教师的阅读，必须坚持“两手抓”，一要提高阅读的数量，二要提升阅读的品质，即要加大专业阅读的力度。

用行政力量推动教师阅读，靠谱吗？

2017 年 12 月，安徽省安庆市在寒假给教师布置了每天两个小时的阅读任务，在网上引发了强烈反响。很多人对该市的做法提出了质疑，认为这种做法是一种形式主义。客观地讲，该市的做法还可以有相应的改进措施，否则，是很难落地的。我有意识地关注了新学期开学后该市对布置教师寒假阅读任务的做法的后续报道，很遗憾的是没有再听到任何响动。可见，该市给教师布置假期阅读任务，在缺乏跟进和反馈措施的情况下，成为“一纸空文”。这个事情，也坐实了某些人的判断，用行政力量来推动教师阅读，只不过是一厢情愿罢了。

我认为，用行政力量来推动教师阅读，不失为一种有效力量。当然，要用好这个力量，就要相应的配套措施跟进，不只是发个文刷个存在感就可以的。

用行政力量来推动教师阅读，主要在于给教师一种引导，并营造一种浓郁的氛围。比如湖南省教育厅从 2016 年暑假开始，每年由省教育厅推荐书目，并组织全省范围的读书征文活动。由于是行政行为，下面的各级教育行政部门均积极推动，这样可以确保把活动通知发布到每一所学校。试想，如果仅仅是湖南省的省级教育媒体来做这件事，影响力未必有这么大。浙江教育报社从 2006 年开始就组织全省范围的教师读书征文比赛，为全省教师营造良好的阅读氛围起到了积极的作用。但从各地参与的情况来看，不同地区参与的积极性差别很大。再细化到具体的学校来看，有的学校每年获奖的人数非常多，有些学校 13 年来可能都没有人参加。浙江省的教师读书征文比赛，如果用行政力量来推动，就可能会有更多的教育行政部门和学校积极响应。

我所在的宁波市从2013年开始，每年都由宁波市教育局出面开展教育系统读书节活动，给教师推荐一定数量的书目，并开展相应的活动，邀请知名专家在开幕式和闭幕式上开办讲座，进一步营造了浓郁的阅读氛围。由于是市教育局出面开展的活动，读书节的开幕式和闭幕式上，全市各级教育行政部门和直属单位均派代表参加。读书节期间开展的各项活动，各地各部门也都积极参加。比如2016年宁波市教育系统第四届读书节，把华东师范大学钟启泉教授的《读懂课堂》作为全市教师的共读书籍，并邀请钟启泉教授来宁波开办讲座，宁波大学园区图书馆也同时举行了《读懂课堂》一书的分享会。

2018年宁波市教育系统第六届读书节，开展宁波市十佳校园阅读案例推广活动，在各县（市、区）报送阅读推广案例的基础上，选择了25个案例进行现场演讲，评出全市十佳案例，并由市教育局发文公布。作为读书节的具体承办单位，宁波大学园区图书馆还编印了《宁波市教育系统第六届读书节校园阅读推广活动优秀案例汇编》，供全市教育行政部门和中小学参考。在十佳案例中，就有3个案例是推动教师阅读的。

应该说，宁波市教育局开展的教育系统读书节，在推动全市教师的阅读上发挥了积极作用，这就是用行政力量推动教师阅读的具体体现。

教育行政部门的行政推动是一种大的推动力量，学校的行政推动同样也是一种有效力量。学校领导重视阅读，用行政力量来推动教师阅读，是非常值得提倡的。记得《中国教育报》曾刊登过《爱读书的教师怎么成了“嫌弃儿”》一文，就令人警醒。如果一所学校爱阅读的教师成了“嫌弃儿”，那么这所学校根本不可能有良好的阅读氛围，原本点燃教师阅读的“星星之火”，很可能就此熄灭。

尽管阅读是教师个体的事，但是有了良好的外部环境，就会给教师的阅读创造良好的条件。从行政角度而言，倡导什么，支持什么，这会对教师的行为产生很大的影响。试想，对一所学校而言，如果校长经常在大会小会上强调教师阅读的意义，并愿意为教师阅读创造良好的条件，如为教师提供休闲书吧，为教师的阅读和交流创造一个良好的空间，对教师阅读的成果给予奖励，这对推动一所学校的教师阅读是很有帮助的。宁波市镇海区有一所学校，把爱阅读的教师组织起来，成立了一个教师专业成长方面的共生体，除了给这些成员提供必要的阅读书籍外，对于达到学校考核标准的教师，还给予和其他共生体一样的奖励。因此，有了学校行政上的大力支持，这所学校爱阅读的教师肯定不可能成为“嫌弃儿”。

有些地方的教育局局长爱阅读，带动了区域内的校长阅读，并进一步带动了区域内的教师阅读。一所学校的校长爱阅读，也会创造各种条件，引领更多的教师爱上阅读。

教育部出台的《义务教育学校管理标准》，明确规定要推动教师阅读。从贯彻落实这个标准的要求来看，行政部门推动教师阅读也就成了必然的事情。当然，我们也不能夸大行政部门推动教师阅读的力量，倡导教师读书，并不是振臂一呼而应者云集那么简单的事。

行政部门推动教师阅读只是一种手段和途径，并不是最终目的。行政部门只是推动教师阅读的一个支持力量，可以让更多的教师读起来，但最关键的还是教师在阅读方面的内生力。可以说，行政推动就像全民阅读的立法一样，就是为教师的阅读创造更好的条件。至于能否利用好这些条件来促进自身的阅读，关键还在于教师个体的自我努力。

不管怎么说，对于用行政力量推动教师阅读，我们不妨乐观其成，不要轻易说“不靠谱”。

阅读功利心也可转化为进取心

每年认真阅读《浙江教育报·教师周刊》上关于年度教师读书征文评选的总结评点类文章，已经成为我的必修课。2017 年 1 月，我认真阅读了《阅读这么私人的事也变功利了——浙江教师阅读现状评点之一》（以下简称《功利》）一文。

这篇文章中，很多评委对教师阅读的看法很契合当下中小学教师阅读的现状。不过，我认为从读书征文评选中得出的教师阅读功利性的结论，也可以从积极的方面进行解读。

大学时教《中国教育史》的老师曾提到这样一个观点：科举制度的实行有效推动了教育的发展，但同时应试教育也应运而生了。自《浙江教育报·教师周刊》开展浙江省教师读书征文评选以来，参与人数不断增加，有效地激发了全省教师阅读的积极性，但同时也造成了阅读的功利心，这其实很正常。

从某种程度上来说，功利是推动人做事的重要因素之一，尤其对于年轻教师而言，适度的功利是促进其成长的动力，也是其有进取心的具体体现。

与参加《浙江教育报·教师周刊》主办的另一项公益性评选活动“浙江省年度优秀教育教学论文评选”相比，教师参加读书征文评选的积极性则与之相距甚远，因为论文获奖对教师的各类评职评先更有用。从这两项公益性评选受教师的追捧程度不同可以看出，功利也是人的一种理性选择。

一、用评选诱发教师读书热情并非坏事

《功利》一文中对参赛教师的年龄结构进行了分析。文中提到，40 岁以上参加读书征文评选的教师非常少。其实这部分教师，除了一小部分已经形成了读书和写作的习惯外，其他教师不仅对参加读书征文评选的兴趣不高，也很少主动参加其他与专业成长相关的比赛。

说到底，这主要是由职称终身制造成的。以前曾有“高级后不作为”的说法，即评上高级职称后，除非有名优教师考核的要求，大多数人是很少主动写文章的。

我曾在基层学校从事多年的教科研管理工作，对全校教师论文发表、评奖的情况有全盘的认识。的确，有些教师在评上高级职称后，10 多年的时间里竟然连一篇区级以上发表、获奖的文章都没有。不过，近年来，由于教师职称需要竞聘，其中有论文、课题的要求，高级教师写作的积极性也有所提高。可以说，考核的硬性要求成了推动教师写作积极性的主要因素。

不过，上了年纪的教师不参加读书征文评选，也并不代表他们不读书。读了书，再写读书笔记，有一定的难度，需要投入一定的精力。我在基层学校工作的时候，每年都会组织开展全校性的有奖读书征文评选，教师自愿参加，其中老教师参加的人数确实很少。

我也清晰地记得，读书征文评选的获奖对教师有促进作用。有一位年轻教师在第九届读书征文评选中获得了一等奖，这给了她很大的信心。此后，她在各方面的表现都比较突出，每次学校开展读书征文评选活动她都踊跃参加。后来，在第十一届读书征文评选中，她又一次获得了一等奖。

目前活跃在基础教育界的名师，无一例外都是爱书之人。他们的阅读时间从哪里来？是什么促使他们读书不息？最重要的原因就是他们内在的阅读需求。

缺乏阅读氛围和缺乏阅读需求是当下教师读书较少的两大原因，前者是外因，后者是内因。《浙江教育报·教师周刊》举办的一年一度的读书征文评选，为教师阅读营造了良好的外部氛围，有利于激发教师的阅读需求。外界的功利刺激转变成教师的内在需求，这何尝不是推动教师阅读的一条路径呢？

二、教师专业阅读依然需要加强

《功利》一文中指出，95%以上的读书笔记基本上是就教育论教育，缺少个性化的阅读。不过，这只是教师参加读书征文评选时提交的文章，所读书目并不一定代表教师平时的阅读。另外，很多学校组织教师读书活动时，往往也以教育类的书籍为主，这样，容易导致参赛的读书笔记基本上也是关于教育的。

毫无疑问，教师的确应该博览群书，拓宽自身的阅读面。原国家图书馆馆长詹福瑞在《读书之道》一书中指出，青壮年时期读书是职业和工作的需要。即这一时期的读书应进入职业化和专业化的阶段。

教师作为职业人，这个阶段的阅读主要是职业性的。诚如《上海市中学班主任阅读状况调查》一文中提到的，该文的调查者通过对班主任阅读状况的分析，认为当前班主任阅读的专业性不强，是非常值得警惕的。试想，当一位教师与地铁上随便一位上班族的阅读状况差不多时，教师的专业性又从何体现呢？

教师阅读的主打书籍仍然应该是教育专业类书籍，它并不只是学科教学方面的，与教育相关的书籍都可以纳入。

三、教师的阅读应循序渐进

有些书可以随便翻翻，但有些书是需要“啃读”的。魏智渊在《教师阅读地图》一书中，把教师阅读的书分为案例型、经验型、分析型、原理型、哲学型5大类，对指导教师阅读很有帮助。

最近几年在我国非常畅销的雷夫的《第56号教室的奇迹》就属于第一类（案例型），中国教师广为熟悉的苏霍姆林斯基的《给教师的建议》属于第二类（经验型），而杜威的《民主主义与教育》则属于第四类（原理型）。如果学校开展共读活动，把雷夫的书作为共读书是最受欢迎的，但杜威的《民主主义与教育》就会让很多教师读不下去，进而丧失了阅读兴趣。

有一定的阅读基础、自身又非常想“啃读”教育经典的教师，可以组成小团队来共读《民主主义与教育》。某网曾组织共读《民主主义与教育》，后来还公开出版了学习心得。

据《浙江教育报·教师周刊》的相关统计，教师写雷夫的书参加读书评选，

2013年和2014年这两年最多。2016年，湖南省教育厅组织全省教师暑期读书活动，推荐了包括《第56号教室的奇迹》在内的17本书。最终公布的获奖读书征文中，读这本书的获奖文章最多。好读归好读，教师阅读最终要有一定的提升，只读案例型的书，教师也是“长不大”的。

我调到区教科所工作后，在领导的大力支持下，组建了镇海区“研之乐”教科研骨干读书会。读书会成立之后，把常生龙先生的《读书是教师最好的修行》一书作为共读书。这本书的可读性比较强，对教师很有启发，不少教师在阅读过程中逐步被激发出了阅读热情。有些教师表示，自己的学校缺少阅读氛围，所以要加入区级的读书会，可以在阅读上走得更远。

我精心组织全区的教师参加省级的教师读书征文评比，让教师们在获奖中有“获得感”，这是推动教师阅读的有效手段。《浙江教育报·教师周刊》组织的浙江省年度教师读书征文评选，让很多教师尝到了甜头，有了盼头。我觉得，尽管为赛而读，为赛而写，会导致教师在阅读上有一定的功利心，但仍然会有不少教师的阅读热情被点燃。的确，镇海区有越来越多的教师连续多年参加了这一比赛，每年也都会有新面孔加入。

阅读功利心可以转化为教师多阅读的进取心，不妨宽容对待。

阅读推广人为什么会成为教师的新“人设”

“学高为师，身正为范”，这是很多教师追求的一个标杆。在大力推动全民阅读的当下，中小学教师还承担着培养未来社会阅读人口的重任。《人民教育》2017年第10期在“发现共读中的文化凝聚力”这一核心议题中明确提到：我们原本就是一个人均阅读量并不高的国家，今天，我们不仅要补上历史的旧账，还要在新媒体的冲击下扩展阅读人群，这个重任学校必须要分担一部分，为未来培养热爱阅读的公民。学校承担这个责任，具体的责任人自然就是教师了。换个时髦的说法，成为阅读推广人或领读者，应该成为教师的新“人设”。

有一点我们必须深刻地认识到，推动学生阅读，不仅是语文教师的事，同样也是全体教师的事。只有真正爱阅读的教师，才能培养出爱阅读的学生，这一点不仅适用于语文教师，同时也适用于全体教师。尤其是对班主任而言，班主任的阅读热情，会在很大程度上影响到自己班上的学生。现实中，有些自身不爱阅读的班主任，不重视学生的阅读，甚至还禁止学生到学校的图书馆去借书，他们视学生阅读课外书的行为为不务正业。试想，如果一个本来需要靠教师来进一步点燃自身阅读热情的学生，碰到这样的班主任，自身阅读的小火苗很可能就会被浇灭了。

现在很多地方也都倡导“全民阅读，教师先行”，或“全民阅读，教师领航”。教师自身的阅读行为，会自然而然地影响到学生。一个自身爱阅读的教师，也会真正重视学生的阅读。对于学生来说，碰到一个爱阅读的教师是人生的一大幸事。

现在，有很多报道显示，高考改革对学生的阅读要求越来越高。一个缺乏阅读力的学生，以后在高考中不仅会影响语文学科的成绩，同样会影响其他学科成绩的提升。即便是撇开高考这样功利性的需要，对学生的长远发展来说，在学生阶段形成良好的阅读习惯也是非常重要的。现在，高中毕业生“撕书狂欢”的现象已经给教育敲响了警钟。现实中，有不少学生经过高中阶段的教育后，不算幼儿园就已经接受了12年的教育，但依然没有形成自主阅读的习惯。这也是不少学生进入大学后在学习上缺乏努力方向的一个重要原因。

还有一点也不容忽视，现在的教师大都是从应试时代过来的，其中有很多人在学生时代也没有形成良好的阅读习惯。我在仁爱中学时，曾听一位年轻教师说自己高中时代和大学时代没读多少书，成为教师后也没形成阅读的习惯，后来在学校的重视和推动下，才进一步认识到阅读的价值，开始慢慢养成阅读的习惯。当然，这样的现象绝非孤例。一个教师走上工作岗位后，如果在阅读上没有补课意识，没有形成阅读的习惯，在工作中将会面临各种挑战。

《中国教育报》曾刊发过一篇题为《在学生的“倒逼”下读书》的文章，发人深省。这篇文章的作者在批改学生的读书随笔时，看到学生的留言：“老师，我利用国庆假期读了川端康成的《千只鹤》，感觉不像他的《雪国》那么好懂，特别是对书中描写的人物形象和他们之间的关系感到不理解，您能跟我说说吗?”当时，作者并没有看过川端康成的书，只好找了个理由先搪塞过去。自己去恶补之后，再和学生交流。

今天的学生，获取信息的渠道很多。在阅读上，自然也会有各种来源。如果教师自身不重视阅读，不身体力行，很可能就会在学生面前失去威信。

《中国教育报》2018年6月4日刊发的《为学科架起阅读的“钢筋铁骨”》一文，对朱永新领衔研制“中国中小学学科阅读基础书目”的情况进行了报道。据介绍，我们基本上没有学科阅读的意识。目前，中小学生的阅读有着明显的语文学科倾向，大量其他学科的阅读被忽视，不利于提高中小学生的综合素质。基于这样的现实，朱永新认为，在深入推动全民阅读中，需要特别注意中小学生阅读领域的学科阅读问题。人民教育出版社社长黄强认为“阅读不只是语文的事，也是各个学科的事。阅读不只是学生的事，也是老师的事”。

据介绍，中小学学科阅读书目分为小学和中学，小学为6个学科，中学为10个学科，书目在2019年出版。这样，中小学的各学科将会有学科阅读推荐书目。那么，谁来推动学生的学科阅读，相关的学科教师自然就要成为学科阅读的“领读者”。而今天的学科教师，从学生时代起就在学科阅读方面有所缺失，这使学科教师在扮演“领读者”角色的时候将面临新的挑战。

学生学科阅读书目的推出，让“每一位教师都是学生阅读的推动者”成为一种现实需求，这样“人人都是学生阅读的推动者”就不再是一句口号，而是要转化为每一位教师的实际行动了。为此，朱永新教授提出，在学科阅读中，最关键的是学科教师本身对学科阅读价值的认识。如果没有学科教师对学科阅读的热爱，学科书目是很难真正发挥作用的。

在新的形势下，教师的“职业性”阅读不仅要阅读教育专业方面的内容，还必须进一步关注学科阅读的内容，这对教师的阅读提出了更高的要求。而且，要推进学生的学科阅读，每一位教师自身的阅读习惯和阅读行为将对学生起到更大的作用。每一位教师的身体力行，是激发学生阅读热情的最好的榜样力量。

日本学者外山滋比古在《阅读整理学》一书中提出，把提高学生阅读能力的重任完全委托给国语教师，其实并不恰当，其他学科的教师也应该在各自的领域积极参与解决这个问题。这说明推动学生阅读，每一位教师都有责任。

教师应该成为天然的阅读推广人，每一位教师都应该积极主动地去应对这一挑战，扮演好这一新“人设”。

在知识管理中变“碎片化”为“系统化”

现在，我们越来越感受到自己身处在一个“碎片化”的时代，“碎片化”成为我们这个时代的基本特征。在这个“碎片化”的时代里，我们不可避免地进行着“碎片化”的阅读和浏览式的阅读。这样的阅读，容易造成我们浅薄的思维方式。

客观地说，利用“碎片化”时间进行“碎片化”的阅读，这也是利用“碎片化”时间的有效方式，几十年前，魏书生老师就倡导要用好边角料时间。在智能手机成为现代人标配的情况下，也为大家提供了一种随时可用的阅读器。对于大多数成年人而言，智能手机是最便捷的移动学习终端，对教师同样如此。

在这个“碎片化”的时代，如何将“碎片化”的知识“系统化”，理应成为教师知识管理的一种自觉追求。当然，要把“碎片化”的知识变成“系统化”的知识，需要借助知识管理工具。云笔记就是一种常用的知识管理工具，印象笔记、有道云笔记等都可以。我采用的是印象笔记，自 2014 年使用印象笔记以来，我就喜欢上了这一款知识管理工具。印象笔记能随时随地方便快捷地保存所遇到的、使用的、想到的新知识，是一款非常理想的个人知识管理工具。后来，我看到相关的书，发现很多知识管理达人都在使用印象笔记，将其作为知识管理工具，比如《好好学习》一书的作者成甲、《洋葱阅读法》一书的作者彭小六、《高手》一书的作者万维钢等。尤其是万维钢，他在 2017 年 11 月出版的《高手：精英的见识和我们的时代》一书中提到，他用印象笔记已经 7 年以上了。

这些知识管理达人青睐印象笔记，也进一步坚定了我用好印象笔记来加强知识管理、把“碎片化”知识“系统化”的信心。

现在，我们能从网页上、微信上看到一些感兴趣的内容，但这些内容大多是“碎片化”的。依托印象笔记，可以把这些“碎片化”的知识“系统化”，并纳入自己原有的知识结构中。

印象笔记分为笔记本组、笔记本、笔记这样的三级管理系统，笔记相当于一个个具体的文件，笔记本相当于一个文件夹，笔记本组相当于一个更大的文件夹，这样的分类足以满足知识管理的要求。而且，在一条具体的笔记中，除了可以存储文字外，还可以把 Word、Excel、PPT、PDF 等各类文件以及图片作为附件存入到笔记中。特别值得一提的是，每一条笔记都有一个内部链接，可以在印象笔记内部搭建起四通八达的超链接网络。印象笔记中，共可以设立 250 个笔记本，这样与原先的新浪博客只有 15 个分类相比，印象笔记对资料分类管理的功能要强劲多了。

印象笔记可以在台式电脑、平板电脑和手机上使用，并实现不同平台间的数据同步。这样借助各类终端，可以随时把“碎片化”的知识存储到印象笔记中，有空的时候在电脑端进行分类整理，把“碎片化”的知识纳入原有的知识结构中，进一步把这些“碎片化”的知识“系统化”。

在印象笔记中，除了可以用笔记本进行资料分类外，还可以在每一条笔记中贴上相应的标签，便于今后检索。

比如在全国教育大会上，很多媒体都在关注劳动教育。除了《人民日报》等权威媒体刊发的评论外，《中国教育报》的《校长周刊》《课改周刊》《理论周刊》等都在刊发有关劳动教育的理论与实践的文章。这样，我把相关媒体电子版上有关劳动教育的文章放在印象笔记中的“劳动教育参考资料”笔记本内，方便自己进行系统的学习，对劳动教育有了全面和深刻的认识。

在我的印象笔记中，专门建立了一个题为“各类研究参考”的笔记本组，里面有“教师专业成长”“课题管理参考”“全民阅读参考”“家庭教育参考”等各类笔记本，看到相关的资料就会存入相应的笔记本中，抽空进行整理并学习，从而对各类问题有了进一步的认识。

我还专门建立了一个题为“教育热点问题”的笔记本组，专门收集近期的一些教育热点问题，比如“班主任危机”“学生减负”“校园欺凌”等，通过阅读不同的观点，对教育热点问题可以有更深刻的思考。正是因为对教育热点的关注，我自己也经常写一些教育评论类的文章。

印象笔记上可以把 PDF 作为附件保存。这样，我将从期刊网上下载的一些 PDF 格式的文章进行必要的整理后，放到印象笔记中的相关栏目内，便于检索和学习。

由于印象笔记中的每一条笔记都具有内部链接功能，这样可以把一条笔记作为专门的目录页，把相关的笔记都链接起来。而且，这个具体的目录的层级，可以根据自身的需要来定制，以方便自己轻松地找到所需要的资料。依托印象笔记，可以建立起一个四通八达的知识检索网络。

我每天都会抽出一定的时间阅读《人民日报》《光明日报》《新华每日电讯》《中国青年报》等权威报刊的电子版，看到感兴趣的内容，就第一时间存放到印象笔记中，有空的时候再整理。同样，我在微信上看到自己感兴趣的文章，也可以第一时间一键保存到印象笔记中。依托印象笔记，把平时在网上看到的“碎片化”的东西进行及时保存，并根据自己的需要做必要的整理，逐步把“碎片化”的内容“系统化”。此外，利用手机这一移动终端，在“碎片化”的时间里又可以进一步阅读印象笔记中整理好的内容，把碎片时间变成移动学习的黄金时间。

在这个“碎片化”的时代，如何让“碎片化”的东西系统起来，纳入自己的知识结构，这就需要有知识管理的意识，改进知识管理的方法，提高知识管理的能力，这是非常重要的。

把“碎片化”的知识“系统化”，既是一种有效的阅读方式，同时也是积累式阅读的有机组成部分，可以助力教师的专业成长。这些年，这样的方式给我的学习和研究带来了很大的便利。

教师要做微信阅读的智者

刷微信如今成了每个现代人的必修课。从2016年开始，微信阅读也被纳入了全国国民阅读状况调查分析中。从中国新闻出版研究院2018年4月发布的“第十五次国民阅读状况”调查报告的数据来看，2017年我国成年人人均每天微信阅读时间为27.02分钟，较2016年的26分钟增加了1.02分钟；而2016年的26分钟，比2015年的22.63分钟增加了3.37分钟。可见，近年来，我国国民的微信阅读时间在逐年增加。

在2017年4月发布的“第十四次国民阅读状况”调查报告中，对微信阅读进行过具体分析。2016年，手机阅读接触群体人均每天微信阅读的时间达到了41.67分钟。而在微信阅读中，排在第一位的是聊天，收发文字、语音、图片等，占了85.7%；排在第二位的是查看朋友圈的动态，占了81.3%；排在第三位的是看腾讯新闻，占了76.4%；而查看微信公众号订阅文章的比例只占32.4%。

中国新闻出版研究院已将微信阅读纳入了数字阅读的范畴，微信阅读也为我国国民的数字阅读做出了贡献，但从对微信的具体使用来看，微信阅读还算不上是真正的阅读，更多发挥的是社交功能。

现在，使用微信朋友圈几乎成为每一个现代人的标配，教师自然也不例外。一个人发的朋友圈也往往体现出一个人的品位和爱好。如果一位教师在朋友圈天天发些吃喝玩乐的内容，就容易引发家长的质疑，会担心这位教师没有把心思放在工作上。

说到底，微信只是个工具，如何使用好微信，值得每一位教师思考。从另一个层面上来说，微信也是促进教师阅读的“利器”。从使用微信以来，我认为微信是一个促进自己阅读的好工具。2015 年，我有感而发，在《教师博览》上发表了《巧借微信促阅读》一文。

可以说，如何利用微信进行有效阅读，考量着每一位教师的智慧。对于教师而言，借助微信来促进自己的阅读，主要是通过浏览一些公众号上的好文章。对于教师的专业阅读而言，需要关注以下几类公众号：

一是教育行政部门或教育业务部门的微信公众号。比如教育部的“微言教育”，浙江省教育厅的“教育之江”，上海市教委的“教育博雅”。通过阅读教育行政部门的微信公众号，可以了解最新的教育政策和权威的教育资讯。

二是教育新闻媒体开设的公众号。比如《中国教育报》《中国教师报》《浙江教育报》等教育新闻媒体开设的公众号。这些教育新闻媒体的公众号，会推送本报刊发过的一些文章，也会对一些教育热点问题进行及时的关注。

三是教育专业类媒体开设的公众号。比如《中国教育学刊》《中小学管理》《中国德育》《教师博览》等。这些教育刊物的公众号，会经常推送本刊物发表过的一些文章，这样可以让教师轻易获得很多专业的好文章。

有一类教育媒体介于教育新闻媒体和教育专业类媒体之间，比如《人民教育》《上海教育》，这两份刊物的公众号上的文章同样值得阅读。

事实上，微信公众号降低了教师专业阅读的门槛。对于很多教师而言，手头不大可能有很多的教育专业刊物，但是借助微信公众号，可以获得很多实用资料。

当然，现在优质的微信公众号有很多，不同的教师有不同的阅读需求，可以依据自身的兴趣和需要，有针对性地关注一些，经常进行浏览和学习。

微信上有的好文章，只看一遍，有点可惜，如果仅仅是收藏起来，以后再看也不方便。其实，微信可以和印象笔记捆绑使用，微信上的内容可以一键分享到印象笔记上，并在电脑终端的印象笔记上进行修改，选择精华内容为己所用。为了增加阅读上的美观，微信文章中往往配有很多精美的图片，但作为资料，这些图片就没有价值了，可以在印象笔记上进行删除。这样，经过在印象笔记上的加工处理，微信上的一些好文章就成为个性化的学习参考资料了。

以《中国教育学刊》为例，这份刊物的公众号经常推送刊发过的一些文章，手头上没有这份刊物的老师就可以读到一些对自己有价值的内容。比如2019年1月，《中国教育学刊》的微信公众号就推送了该刊物2019年第1期发表的《中小学教师教育写作的困境与出路》一文。我看到后，就分享到印象笔记，并纳入自己的科研资料库了。即便手头有这份刊物，也能充分利用微信上的电子版，方便自己进一步使用。因此，微信公众号可以让教师轻松便捷地在第一时间获得有价值的信息。

微信朋友圈中转发的一些有价值的文章，当然也可以拿来为己所用，转化为自己的参考资料。不过，有一点必须引起警惕，现在微信上转发的一些文章，质量参差不齐，有些甚至“有毒”。因此，我们在阅读微信上的文章时，要有一定的辨别能力，务必要注意最初的来源。不转发一些似是而非的文章，也应成为教师使用微信的底线。

在微信已经融入我们日常生活的当下，要把微信作为促进自身成长的工具，而不仅仅是在聊天与刷朋友圈中消磨时间。因此，做微信阅读的智者，应该成为每一位教师的日常修炼。

教师阅读应该有个“小目标”

2016 年春节期间，《新华每日电讯》的“开门七件事”栏目以《今天，你读书了没?》为题刊发了新华社记者的文章。该文提到，作者的某位同事在年终总结时说 2015 年只完整地看过一本书，大家在哄笑的同时也在反思自己有多长时间没好好看过书了。

这个问题同样值得我们教师自我追问。《浙江教育报》2016 年 3 月 18 日整版刊发了《寻求教师阅读难题的破解之道——对 341 位一线教师的阅读现状调查》。该调查显示，每年读书 3 本以下的教师占 38%，读书 10 本以上的教师仅占 13%。无论是教师的平均阅读量，还是读书多的教师的数量，跟一般公众相比，没有多大的区别。近年来，很多的调查报告都显示教师的整体阅读状况不容乐观。

客观地说，在新媒体阅读的攻势下，很多人离传统的纸质阅读越来越远了，教师也同样如此。今天的教育面临着很多的挑战，教师要想游刃有余地应对挑战，必须要有大量的阅读作支撑。仅有新媒体阅读是远远不够的，通过新媒体阅读虽然可以便捷地获得信息和知识，但其具有“一时性”和“碎片化”的特征，不利于教师深度思考。

教师的专业阅读，其实不仅仅是单纯的学科类或者教育类的书，各类教育探索和跟教育相关领域的书，都值得教师关注。可以说，广义的专业阅读是一种泛专业阅读，不同学科、不同发展阶段的教师都有自己的阅读需求。阅读学方面的研究显示，如果一个人总是阅读简单的内容，容易导致自己的阅读能力减弱。因此，教师的阅读要走出自己的“舒适区”，去寻求更高的境界。有些书是需要“啃读”的，有些书是需要经常翻翻的，有些书则是常读常新的。这就需要教师静下心来，与书为伴，在深阅读中，在与书本的对话中，促进自身的精神成长和专业发展。

当然，在新媒体阅读成为阅读生态的情况下，教师也无法拒绝新媒体阅读，只能充分发挥好新媒体阅读的便利。如果教师能借助知识管理工具，定期对“碎片化”知识进行整理，并纳入自己的知识结构中，这也是把“浅阅读”变为“深阅读”的一种途径。

现在，“小目标”的说法很流行。教师在阅读上也应该有个“小目标”，然后去实现它。比如我们不妨根据自己的实际情况，好好制订一个阅读计划。这样，新的一年到来的时候，我们就不会为过去的一年没读什么书而尴尬。在国家大力推动全民阅读的今天，用实际行动成为全民阅读的先行者应该成为教师的文化自觉。当然，这个“小目标”，不仅仅可以是阅读多少本书，也可以包括定期阅读了多少教育期刊、浏览了多少有价值的微信公众号等。

我在给教师做阅读方面的讲座时，经常以《新华每日电讯》上刊发的《今天，你读书了没?》为例，勉励大家从当天开始确立一个阅读方面的“小目标”，到第二年的这个时候盘点一下，看自己在阅读方面是否有长进。

正如狄更斯所说的“这是最好的时代，也是最坏的时代”一样，现在是阅读的最好时代，也是阅读最坏的时代。说是阅读最好的时代，是因为今天我们获取书的途径和方式越来越便捷，越来越多元化。有些自己想看的书，网上点一下，第二天书就送到了你手中。说是阅读最坏的时代，是因为现实中诱惑太多，人们越来越难以静下心来读书了。“买书如山倒，读书如抽丝”就是对很多人读书状况的一个形象描述。

正因为如此，在阅读上确立一个“小目标”和建立自我监督机制是非常重要的。如有可能，可以把自己的阅读“小目标”广而告之，借助他人的力量来监督自己，让自己没有退路。

当然，在确立阅读“小目标”的时候，要考虑实现的可能性，尽量给自己留有余地。如果一味贪大求全，以显现自己在阅读方面的“雄心壮志”，实践起来发现完成难度过大的话，就容易偃旗息鼓，导致这个“小目标”成为不可能完成的任务。

每个人的实际情况各不相同，但在确立阅读“小目标”的时候，至少要高于成年国民的人均阅读数，否则，目标过低也毫无意义。从这个角度来说，确立年阅读数量在 10 本左右较为合适。一旦实现了这个目标，在阅读量上就超过全国九成以上的国民了。在完成这一底线目标的基础上，若再能有新的突破，那就是多多益善了。如果每位教师都能有这样的阅读“小目标”，我们就能将国民阅读纸质书的平均数量拉高一点，也能更好地实现“全民阅读，教师领航”的目标。

专业刊物应成为教师的标配

2016 年 11 月，我认真阅读了时任上海市虹口区教育局局长常生龙的新著《给教师的 5 把钥匙》。作者在自序《做更好的自己》中提到，他在走上工作岗位后做的几件事中，第一件就是订阅了当时所有与他所教学科有关的杂志。他认为通过阅读专业杂志，可以了解课程教学改革的最新动态，品味名家的课堂实录和教学心得，把握当下学科教育的热点和难点，然后再思考自己该如何教，如何让学生获得更宽广的学科视野。

即便是在今天，如果没有学校有意识地引导，又有多少教师在走上工作岗位时，就有自己订阅专业刊物的意识呢？而早在 30 多年前，新教师常生龙就订阅了当时所有与他所教学科有关的杂志，这不得不让人佩服他的超前眼光。

读到这段文字的时候，我不由得想起了另一位在国内教育界颇有影响的人物——厦门市教育局副局长、数学特级教师任勇。任勇也是订阅了所有能订阅到的数学专业刊物，这些专业刊物让他加快了成长的步伐，成为学科领域的佼佼者。

在专业刊物的滋养下，常生龙和任勇都从优秀的教师成长为优秀的校长，进而成为国内有较高知名度的教育行政官员。

全国著名特级教师余映潮曾撰文讲述专业刊物促进自己专业成长的事例。自 1977 年以来，他就一直自费订阅《中学语文教学》和《语文学习》。余映潮老师目前已退休，但依然活跃在语文教学的讲台上，被誉为“语文课堂教学的常青树”。

可见，在教师的专业成长上，专业刊物起到了非常重要的作用。上述三位教育名家的成长并不是一蹴而就的。任勇最初毕业于地方师专，但他现在取得的专业成就连很多名牌师范大学的教师都自叹不如。可见，学习和使用专业刊物可以让一位教师在从教伊始就站在较高的发展起点上。对于教师的专业成长来说，专业刊物应包括学科专业刊物和综合教育类刊物。教师从教学走向教育，阅读综合教育类刊物是一条有效的路径。

我留意到，经常会有一些教育媒体在报刊订阅季呼吁学校要多为教师订阅专业刊物。从学校管理的层面来说，订阅专业刊物，为教师的专业成长提供必要的支持是无可厚非的，但是，订阅专业刊物，也应该成为教师的一种专业自觉。事实上，教师也应该为自己的专业成长买单，包括时间、精力和金钱。教师为自己订阅专业刊物，就是为自己的专业成长买单。

学校应该尽量丰富阅览室的刊物种类，对于有些价格贵、理论性强的刊物，应该由学校来订阅。而价格适中、可读性强的刊物，教师可以自费订阅。我在仁爱中学工作时，曾负责过教师专业刊物征订的工作，也特意进行过统计，发现那些专业成长较快的教师，也往往是订阅刊物较为积极的教师。由于仁爱中学有教师专业刊物征订补贴制度，教师订阅专业刊物（包括学科专业刊物和综合教育类刊物），学校补贴一半，每年新参加工作的教师，在学校制度的激励和氛围的影响下，也已形成了订阅专业刊物的习惯。

我是以专职心理教师的身份入职的，从走上工作岗位开始，就牵手心理健康教育方面的学科专业刊物，来助力自己的教学和研究。只是最初还没有自我买单的意识，是学校订阅归我使用的。后来，我意识到自己订阅刊物使用起来更方便，此后学科专业刊物我就自费订阅了。

由于从教伊始就牵手专业刊物，在工作的第二年，我就有一篇论文获得浙江省优秀教育教学论文评选二等奖。工作 5 年后，我有幸在《中国教育报》和《中小学心理健康教育》开展的全国首届中小学心理健康教育十佳评选中，获得了“十佳作者”的称号。随后，我走上了“学科阅读”和“开放阅读”并举的道路，即不仅阅读学科专业刊物，也阅读综合教育类刊物，进一步加快了成长的步伐，并先后出版了3本著作。

起初，我也只有订阅学科专业刊物的意识。原先我也会定期去阅览室翻翻《人民教育》和《中小学管理》，后来阅览室把相关的专业刊物都分发到各部门和教研组，《人民教育》和《中小学管理》都放到校长室了。这样，去校长室拿这两份刊物就不是很方便了，于是我暂时和这两本刊物失联了。某天我突然领悟到，自己想看的刊物完全可以自己订阅呀。这样，从2008年起，我就开始自费订阅这两本刊物。

阅读专业刊物，不仅能促进自己的教学，也能为教育写作提供思路。近年来，我有不少文章就是在研读专业刊物的过程中诞生的，在写作这些文章的过程中，又使自己对有些问题有了更深刻的理解和思考。

尽管职称评审降低了对教师论文的要求，但阅读与写作依然是促进教师成长的有效路径。让自己牵手专业刊物，门槛不高，关键在于是否有这样的意识。对于很多教师来说，为自己订阅几份专业刊物，用好它们，非常有利于促进自身的专业成长，这是性价比非常高的一种自我投资。

2017年，我无意中发现，在中国国家图书馆的网站上实名注册后，可以免费阅读和下载一些期刊的文章，也可以阅读人大复印资料的电子版。这样，除了手头上有的专业刊物外，这个网站上的免费期刊资源又给我打开了一个专业刊物阅读的新天地，尤其是为检索式阅读创造了更大的便利。

向教师荐书不可“直接拿来”

在很多学校推荐给教师的书单中，不少都是简单地照搬照抄。比如把《中国教育报》评选的“教师喜爱的100本书”或者中国教育新闻网评选的“影响教师的100本书”，直接作为推荐书目推荐给本校的教师。客观地说，这两项评选是当下教育界内比较有影响力的评选，可以作为教师选书的一种参考。但是把这样的书单直接拿来用，就有点简单粗暴，不妥当了。

这两项评选着眼于全国，面向不同阶段的教育工作者，从幼儿教师到高校教师，从教育实践者到教育理论工作者，都是其关注的对象。因此，这样评选出来的书兼顾不同层面。而具体的学校在推荐给本校教师书单时，就需要对本校教师的需求进行精准分析，推荐适合本校教师阅读的书目。

我在仁爱中学时，每年开展的“让教师读自己爱读的书”活动，在暑假前都会给教师推荐6本书，让教师自行选择。推荐6本书，看起来非常简单，但我会花很长时间精心挑选，因为这是推荐给全校教师的。为此，我会从最新出版的教育类著作中，选择适合本校教师阅读的书。那几年，我推荐的书目，大多数都能入选“影响教师的100本书”或者“教师喜爱的100本书”。我记得2015年推荐的《课堂上究竟发生了什么》《优秀教师悄悄在做的那些事儿》《给教师的阅读建议》《教师的五重境界》《做个幸福的教师》《家教对了，孩子就一定行》，都在这两个评选书目之内。每年我推荐了书目之后，都会从不同侧面询问一些教师，得到的反馈还是不错的。

对于中小学教师来说，他们更多的还是倾向于阅读一些能解决问题的书。比如《学生管理的心理学智慧》《班主任，可以做得这么有滋味》，这样的书非常受教师欢迎。

正如有一种冷，叫妈妈觉得你冷一样，有一种书，叫专家觉得你应该读的书。有些专家，随口开出一大堆书名，要么是他自己感兴趣觉得应该读的，要么就是自己也没看过随意拼凑的。因为不同的专家，自身有不同的阅读偏好，在推荐书单时，往往会把个人偏好带进去。比如现在不少倡导教师阅读的专家大多是语文教师出身，在他们推荐的书目中，往往就是文学类的书居多。而教师合理的阅读结构应该如何，参考一下新阅读研究所研制的《中国中小学教师基础阅读书目》就可以知道，教师的阅读还是应该以专业类为主的。

现实中，有这么一种情况，教师自主阅读专业类图书的积极性是不高的，而阅读自己感兴趣的书则是不需要外界力量介入的。因此，很多教师都希望开展一些教育专业书的读书活动，在群体的压力下更好地促进自身的专业阅读。基于这样的现实，我觉得在推荐教师阅读书目的时候，还是应以专业类为主。其他的书，一方面范围太大，另一方面教师的阅读偏好各不相同。

以中国教育新闻网评选的“影响教师的100本书”为例，评选出来的书分为教育理论类、教师专业成长类、教育心理类、学前教育类、综合类、人文类，其中综合类和人文类占了40%，综合类的书中有一些家庭教育类的书，也可以纳入教育专业方面。可见，影响教师的100本书的评选，也是以教育专业类为主的。

以2018年“研之乐”读书会开展的“啃读挑战”活动为例，由于参与对象有幼儿教师、小学教师、初中教师和高中教师，既有年轻教师，也有老教师，因此在共读书目的选择时要兼顾不同层面的教师。这一年来，我们推荐了《让教育更明亮》《最高目的》《如果我当教师》《中国哲学简史》《课堂转型》《苏霍姆林斯基教育学说》这6本书，兼顾了不同层面教师的阅读需要。尤其是最后一本共读书《苏霍姆林斯基教育学说》还被中国教育新闻网评选为“年度十佳图书”。如果一位教师认真阅读了这6本书的话，那么对于提高自己的教育理论水平，提升教育的格局，促进自己的专业成长等方面，都是大有裨益的。

2018 年 1 月，我在给全区教师推荐寒假阅读书目的时候，就考虑到不同层面教师的需求。有些书主要是面向学校管理者的，如《学校正面临挑战》和《重新定义学校》，我就在边上备注了“管理”。有些书适合小学教师阅读，如《轻轻松松当好班主任》和《第九个班主任》，我就在边上备注了“小学”。而有些书大家都可以看。我在推荐书单的时候，也参考了 2017 年“影响教师的 100 本书”和“教师喜爱的 100 本书”，并结合最新出版的适合教师阅读的书，从中推荐了 22 本书供教师在寒假阅读时选择。

即便是《中国教育报》或者是中国教育新闻网评选出来的“十佳图书”，也未必适合推荐给全体中小学教师阅读。有的书理论性太强，有的书读者面相对狭窄。因此，需要针对不同的群体，进行二次选择。以 2018 年中国教育新闻网评选的“十佳图书”为例，林崇德教授的学术研究著作《创造性心理学》排在首位，但这本书的主要阅读对象并不是中小学教师，而成尚荣先生的《儿童立场》，则非常适合中小学教师阅读。因此，如果推荐给中小学教师阅读，显然《儿童立场》比《创造性心理学》更合适。

给教师荐书，可以参考各类榜单，但不宜直接拿来，要针对教师的不同情况，对书单进行二次开发，以便更符合教师的阅读需求。

教师读什么书应“冷暖自知”

“请各位大神给我推荐几本好书。”“我们学校要给教师发书，不知道买什么书好，请各位帮忙推荐一下。”……我经常在各类QQ群和微信群中看到这样的求助信息。说实话，这样的求助信息，真的很难回复。因为每个人有不同的阅读基础和阅读需求，并没有包打天下之书。

我也经常和教师们交流探讨如何阅读的话题，教师们不知读什么书的现象也并不鲜见。

正因为如此，有不少书单在微信朋友圈中被刷屏，比如“教师最需要阅读的专业书”“教师最适合的20本书”等，其中不少书单是书商炮制出来用于营销的。

现实中不少学校负责给教师买书的老师对教师该读什么书也不清楚，往往给教师发的书是知名度非常高的书，比如雷夫的《第56号教室的故事》，苏霍姆林斯基的《给教师的建议》。这样的书当然很好，但往往给教师们造成此类书才是教育专业书的印象。事实上，适合教师阅读的教育专业书非常多，有些最新出版的书就非常不错。

对于教师而言，不能有书单依赖症，要有自己为自己选择合适之书的意识。民国时期曾有过一次多位名家为青年开列书单的事，在当时产生了较大的影响。1925年1月，著名的《京报副刊》刊出启事，向社会各界征求“青年爱读书”和“青年必读书”各10部。胡适之、梁启超、周作人、林语堂等都开列了书单，但是各不相同。这也说明，即便是“大家”开出来的书单，也未必具有普适性。

现在，有的教育专家推荐的书非常难读，这些书对他来说的确是发挥了重要作用，但对其他教师而言，未必就合适。因此，对于专家推荐的书单，也不能直接拿来，而是要根据自己的需要适当选用。

作为教师，首先要基于自己的阅读现状，对自己的阅读做一个大体的规划。比如可以看一下《中国中小学教师基础阅读书目》，看看这个书目的“职业认同”“专业发展”“视野拓展”这些分类以及每一类书的大致情况，可以为自己的阅读找准一个方向。当然，《中国中小学教师基础阅读书目》上推荐的100本书，未必都是必读书，但这个书单具有一定的参考价值，从中也可以找出一些书来好好读读。

专业发展类的书，尤其是一些较为经典的著作，如《学记评注》《陶行知教育文集》《蔡元培教育论著选》《教育的目的》《什么是教育》《民主主义与教育》《教育漫话》《爱的艺术》等书，可以适时读读。

在有了大体阅读方向的基础上，教师要关注一下最新的书讯。比如平时可以关注一下每周一的《中国教育报·读书周刊》，这样就可以了解一下最新的书讯，留意一下相关的书评，从中可以发现一些适合自己阅读的书。《中国教育报》的电子版每天中午前都会及时上线，即便教师手头没有这份报纸，也能在网上看到。我自己阅读的一些书，有时候就是在《中国教育报·读书周刊》上看到后买来读的。

另外，可以关注一下一些知名教育品牌图书的微信公众号，比如大夏书系、源创图书、万千教育。关注这些教育品牌图书的微信公众号，能得到最新的一些图书资讯。

中国教育新闻网评选的“年度影响教师的100本书”和《中国教育报》评选的“年度教师最喜爱的100本书”，这两个在教育圈较有影响力的图书评选，非常值得教师关注。这两个评选产生的图书，基本上都是在近两年内出版的书，也就是说入选这两个评选书目的书，整体上质量是不错的。教师可以根据自己的需要，选择一些书来读。

此外，大家也可以关注一下当当网等图书销售网站。比如当当网在教辅类的图书中有专门的“教师用书”一栏，其中有教师用书的新书排行榜和教师用书的畅销榜。从当当网上，可以看到正在热销的各类教师用书，这也为自己选书提供了一种路径。有时候，我在当当网上看到感兴趣的教师用书，会第一时间下单，第二天书就能到自己手上。

其实，在移动互联网时代，各类信息的获得是非常便捷的。现在，教师对网络的依赖也是比较大的。《中国教育报》曾刊发过一篇题为《可怕的“备课靠百度”》文章，深刻揭示了如今教师对网络依赖过大的危害性。但是，在为自己寻找合适的书时，很多教师就显得束手无策，好像这时候就缺乏互联网思维了。

可见，为自己寻找合适的书，并没有真正成为一些教师的自觉行为。只要有了这个意识，方法总比困难多。上述所列举的一些为自己寻找合适的书的方式，是我多年来一直在实践的，门槛也不高，可操作性也很强，只要用心去做，就能做到。

读书是个性化的事，别人是无法代劳的。因此，学会为自己选书非常重要，这应该成为教师的基本功。因为读书如人饮水，冷暖自知。正如陈平原教授所言，在阅读上要坚守自家立场，不能让自己的大脑成为别人思想的跑马场。

书读得多了，对书的质量的判断就会更加精准，也更容易找到适合自己阅读的书。这样，从一本书走向另一本书乃至更多的书，就会变成现实。

愿更多教师自觉选择阅读

在 2015 年江西弋阳举行的《教师博览》首届读书论坛上，我做了“选择阅读，就是选择成长”的主题发言。我觉得，当一个人面临多种选择的时候，自身的选择非常重要。因为，选择了一种职业，就是选择了一种生活方式。从某种程度上说，阅读对于教师来说也是一种选择。

尽管教师日常工作忙碌，但毕竟总有闲暇的时间。朱永新教授曾说过，教师即便有了空闲，也未必会选择读书，而是会选择用其他方式来度过闲暇时间。而且，现在可供选择的休闲方式实在太多了，阅读可能算不上最有吸引力的那一种。有些教师有追剧的时间，有淘宝购物的时间，假期也有旅游的时间，但是说到阅读的时候，就没有时间了。

有些教师责任心非常强，可谓是一心扑在学生身上，但是如果不注重自身素质提高的话，好心并不一定有好的结果。曾有专家提到，最怕碰到那种责任心很强但水平很差的教师。所以，教师自身水平的提高也是对学生负责的一种体现，而且这是典型的“磨刀不误砍柴工”。基于此，华应龙老师认为，因为不阅读，所以工作很忙碌。张贵勇所著的《读书成就名师》一书中收录了 12 位全国杰出教师通过阅读促进成长的故事，包括于永正、吴正宪、华应龙、吴非等人。华应龙自身就是在不间断的阅读中提高自己的专业水平的，他到了人才济济的北京工作之后还能如鱼得水。可见，教师在阅读中提高自己的水平，提高自己的工作效能，无论对自己还是对学生来说都是好事。

胡适曾说：“你的闲暇往往定你的终身。”人与人之间的差别，很多时候就在于对闲暇时间的利用。很多教师是用阅读度过自己的闲暇时间。因此，面对闲暇时间，尤其是相对整块时间的寒暑假，教师是可以有所选择的。教师利用寒暑假的整块时间，好好读几本书，在时间上并没有问题，关键在于自己是否有读书的意愿。我曾听区内某幼儿园的教师说过，现在每年的寒暑假，好好读一本书，参加区里的读书征文比赛已经成了一种习惯。当然，参加区里的读书征文比赛，对教师来说也是一种选择。尽管这种选择带有一定的功利性，但事实上也是促进教师去阅读和写作的一种动力，可以理解为进取心。

相关的调查研究显示，教师阅读存在着动机不足、环境不良、方法欠缺和资源缺乏四大问题。可以说，影响教师阅读的既有环境不良、资源欠缺等外部因素，也有动机不足、方法欠缺等内部因素。事实上，影响教师阅读最重要的原因还是内部的动机不足，这跟现在的学生缺少内在的学习动机是一样的道理。正如很多教育理念是写在纸上的，并不是真正内化为教师自身教育理念并用来指导教育实践一样。现在，很多教师没有真正把阅读的重要性内化为自身的理念，仅仅是当作写在纸上的理念。也就是说，阅读并没有成为有些教师的刚需，而是说起来很重要，做起来往后靠，忙起来不需要。

包括教师在内的很多人没有时间阅读，其实是没有把阅读作为一种生活方式，这是把阅读和生活相分离的一种表现。如果真正把阅读作为日常生活的一个组成部分，就不会说没有时间阅读了。正是因为两者是分离的，所以需要安排时间去阅读，如果找不出时间，自然就放弃阅读了。

朱永新教授在《专业阅读造就职业幸福》一文中指出，必须让教师真正意识到阅读对于自身的重要性与迫切性。让教师懂得为了自己的幸福而阅读，就从根本上培养起了教师的阅读兴趣，从而在此基础上逐步养成阅读习惯，在自主阅读中摸索阅读方法，在长期阅读中提高阅读能力，从而成为一位爱阅读、会阅读的教师。

只有教师真正提高了阅读的内驱力，才能激发出对阅读的热情，保持持续的阅读兴趣。教师真正把阅读作为自己刚需的时候，才会真正选择阅读，进而逐步走上爱读之路。从提升教师职业幸福的角度来说，一是要加强职业认同，二是要提高专业水平，而加强职业认同和提高专业水平是相互促进的。教师通过阅读，能进一步加强职业认同，也能提高专业水平，这是提高职业幸福感的有效路径。

也就是说，教师选择了阅读，就选择了成长的可能性，也就有了提升职业幸福感的可能性。

比如镇海区的教师参加“啃读挑战”活动，就是一种选择。面对一年读12本书，每本书写1000字以上读书心得的硬任务，他们做出了自己的选择，这也是选择了一种成长的可能性。当然，选择阅读并不一定要选择这种“死磕”自己的方式，只要真正把阅读作为自己的一种生活方式，能坚持阅读就行。

教师是否选择阅读，在很大程度上决定了自己的成长方向。对于教师而言，要从内心真正认识到阅读对自己的重要意义，内化为自己的自觉意识，这样，才能真正选择与阅读同行。

愿更多的教师与阅读同行！

第三辑　教师阅读的那些事儿

十多年来，在推动教师阅读的实践中，我逐步从“门外汉”变成了“行家里手”。无论是推动一所学校的教师阅读，还是推动一个区域的教师阅读，都获得了“宁波市校园阅读推广十佳案例”的称号。

我也逐渐学会了从教师立场去看待教师的阅读。教师如何寻找身边的阅读榜样、教师如何在阅读实践中点燃阅读热情、教师如何通过获得感来激励自己持续阅读、教师专业阅读要有“啃读”精神等，这些都非常值得教师关注。另外，教师读书分享不要念稿、要让阅读助力自身德育专业化、要在阅读中化解写作焦虑、善用“共读”的力量等，则是我对教师如何更好地在阅读中提升自我提出的建设性意见。

未来，希望更多的教师在阅读过程中爱上阅读，在阅读过程中加快成长的步伐，在阅读过程中远离“本领恐慌”！

把硬任务变成“自追求”

如今，很多学校都非常重视教师阅读，也会为教师发书。如在寒假前学校为教师发了书，并要求寒假结束后每人提交一篇读书心得。但是，教师上交的读书心得，质量往往参差不齐。究其因，读书心得质量的优劣，往往跟教师的态度有关。如果有的教师仅仅把这视为学校强加的“硬任务”的话，则会用敷衍的态度来对待。在今天这样一个网络时代，3 分钟搞定3000 字的读书心得，真的不是什么难事。

毫无疑问，学校为教师的阅读创造条件，并给教师布置写读书心得的任务，其出发点肯定是为教师好。但是学校的好意，并不是所有的教师都能领会，有些教师还认为学校给自己硬派任务，是增加负担。

“引领教师成长校长是教师专业发展的第一责任人，将学校作为教师实现专业发展的主阵地。”这是相关规定明确要求的。而阅读是促进教师专业成长的有效路径，因此，重视教师的阅读也应属于校长的职责本分。但对于每一个教师个体来说，在借助校长外力的前提下，自己才是促进自身专业成长的第一责任人。在促进自身的阅读上，教师也应成为自己的第一责任人。

从阅读与写作对教师成长的促进来说，教师可以从自我增值的角度去看待学校布置的各类阅读与写作任务。在现实中，教师在写作方面有一些硬性的考量标准，比如职称评定、名优教师评选等。尽管现在职称评审上降低了对论文数量的要求，有些地方也取消了论文在职称评审中的前置性条件，但是在同等情况下，有论文发表或者获奖，还是占优势的。而且在其他各类有关教科研的考核中，论文的要求还算是比较容易实现的。比如有些地方，可以在优质课县级一等奖和论文县级一等奖中选一项，优质课获得县级一等奖并不见得比论文获奖容易。

如果没有持续的阅读输入，要想写出高水平的论文并不容易。而教师的教育写作，也是实践的艺术，是在不停的写作实践中提高水平的。因此，教师要珍惜各类练笔的机会，督促自己好好梳理一下思路，提高自己的文字表达能力。可见，学校给教师布置的“硬任务”，其实就是提供给教师成长的机会，让教师实现自我增值。

用“自追求”的态度去看待学校和上级部门的阅读要求，教师在自我成长方面就有了更大的格局。这一点需要学校的引领，更需要的是教师的自我觉醒。

我在仁爱中学工作时，每年组织教师参加浙江省教师读书征文比赛，总是强调自愿参与。这样，教师把参与这项征文比赛作为自己的一种自觉追求，很多教师形成了每年都参与的习惯，每年也都有新的教师加入。由于大家是自愿参与的，积极性和主动性都较高，每年参赛的文章质量有保证，每年获奖的文章数量也不少。而反观有些学校，则会出现某一年很突出但并不持续的现象，这估计跟教师参与这项比赛没有成为“自追求”有很大的关系。

“一年读 12 本书，每本书写 1000 字以上的读书心得。”你愿意接受吗？如果这是学校的硬任务，估计很多教师都会牢骚满腹，不会用心去完成。但是同样的一个任务，教师参加前还要填写一个自愿参与的承诺书，并且保证每两个月提交一次作业，如发现有抄袭等学术不端行为，还将公开通报批评。面对这样严苛的条件，还是有不少人选择“自讨苦吃”，并且在一年的坚持过程中毫无怨言，因为这是自己的选择，要对自己的选择负责。这就是 2018 年镇海区“研之乐”读书会发起的“啃读挑战”活动，全区有 80 人报名，除 3 人因工作原因调离镇海区，有 7 人未能坚持到底，其他人都顺利完成了“啃读挑战”任务。不少人在提交的年度“啃读小结”中提到，每当自己坚持不下去的时候，想想自己在承诺书上的签名，要对自己的签名负责，就咬牙扛下来了。事实上，不少参与“啃读挑战”活动的教师在一年的坚持中也收获了很多，有些人在浙江省教师读书征文比赛中获得了一等奖，有些人结合阅读内容写成的文章在其他论文评比或征文评比中获了奖，有些人不再畏惧教育写作了，有些人在区级读书分享会上做了主题发言。

可见，面对同样一件事，是被动参与还是主动参与，所取得的成效是截然不同的。

作为“啃读挑战”活动的发起者，我还记得这样一个细节。在 2018 年的“啃读挑战”活动报名截止后，经一位幼儿教师的恳求，又吸收她所在幼儿园的 4 位教师参与了本次活动。原来，之前该园举行了教师读书分享会，当那些在省级教师读书征文比赛中获奖的教师介绍经验并说明自己加入了“啃读挑战”活动后，有些幼儿教师觉得参加“啃读挑战”活动非常有意义，请求加入。于我而言，既然有教师愿意“自讨苦吃”，那自然要成人之美了。

可以说，“研之乐”读书会发起的“啃读挑战”活动，完全基于参与者的自觉自愿，组织方可以名正言顺地要求大家好好完成任务。

2019 年的“啃读挑战”活动，条件更加严苛，要求参与者把读书心得上传到之江汇教育广场上的“研之乐”读书会主题社区中，也就是说要在网上公开。

在 2018 年完成“啃读挑战”任务的 70 人中，有 37 人选择继续参与 2019 年的活动。从全区的统计数据来看，2019 年全区共有 196 人报名参加，比 2018 年的 80 人增加了不少。尽管参与者会在这一年中忙碌很多，但这毕竟是自己的选择。把硬任务变成“自追求”，可以进一步激发教师在阅读上的责任感和使命感，并在“自追求”的阅读中收获更多。

新手上路，不妨读些“桥梁书”

“桥梁书”是童书的专有名词，是一个形象的说法，形式上是从图画书过渡到文字书的衔接童书，方式上是从亲子共读过渡到能够独立阅读的童书。当然，这里所指的“桥梁书”只是借用这个说法，并不是指童书，而是有助于尚未走上阅读之路或正走上阅读之路的教师激发阅读兴趣的“启蒙书”。通过阅读这类书，可以更好地激发教师的阅读热情。

我曾在很多场合提起过闫学老师的《教育阅读的爱与怕》一书，这本书对我来说起到了“桥梁书”的作用。我清楚地记得，刘良华教授在这本书的序言中的一句话：“但愿这本书成为更多教师更多阅读的开端。”我不知道其他人读到这句话有什么感觉，但这本书真的成为我更多阅读的开端。现在我还会去读一些这样的“桥梁书”，但目的有所不同，就是希望从中习得一些更好的推动教师阅读的方法。

2008 年 4 月，我买了一本山东教育报刊社总编辑陶继新的《做一个幸福的教师：陶继新教育讲演录》，一口气把这本书读完了，此后我也经常翻阅这本书。这本书收录了他的三个经典的演讲，其中有一个是“读书与教师生命成长”。这个演讲，把教师读书的意义、读书的方法、如何阅读经典、读书与教学的关系、如何做到读写结合、读书和思考的关系等，都讲得非常透彻。书中还列举了各类爱阅读的专家学者和优秀教师，比如朱永新、于漪、张曼凌、王立华等。我觉得这本书非常适合作为激发教师阅读热情的“启蒙书”。

2008 年 11 月，仁爱中学教师读书社成立之后，我就把这本书作为读书社成员的第一本共读书推荐给了大家，希望大家能从中汲取激发阅读热情的力量。在后来举行的读书分享会上，大家纷纷阐述了阅读这本书的心得，从大家脸上兴奋的表情可以看出，读了这本书之后的确是很有收获的。

2016 年 9 月，镇海区“研之乐”读书会成立之后，我把时任上海市虹口区教育局局长常生龙的《读书是教师最好的修行》作为第一本共读书，并由读书会购买发放。这本书的书名非常有吸引力，并且作者自己也是以阅读促进自身成长的典范。

作者在自序中有一段话说得非常有道理：“我们在工作和生活中，会遇到各种各样的困惑和难题，其中绝大多数的问题都有解决的办法和途径，并且已经被别人进行了总结，发表在各类著作、报刊或新媒体中。如果我们是一位读者，就可以在其中找到路径或答案，在前人的力挺下站得更高、行得更远。”为此，作者进一步倡导：“在这个急速变化的时代，养成阅读的习惯，可以让自己始终站在时代的制高点上来思考和筹划，可以让自己在教育实践的过程中少走很多弯路，在教育探索的道路上获得更多的成功。”

2017 年 3 月，我们特意举行了《读书是教师最好的修行》一书的分享会，安排了来自幼儿园、小学和职业高中的 3 位教师分别做了主题分享，并让大家在自由发言环节畅所欲言。从大家的发言来看，这本书在带给大家震撼的同时，更应思考自身如何更好地形成阅读习惯，以真正享受阅读带给自己的红利。

《读书是教师最好的修行》这本书自 2015 年 10 月出版后，就一直在当当网的教师用书畅销榜上，这也足见其魅力。

可以说，在新手上路的时候，读几本能够激发自己阅读热情的“桥梁书”是很有用的。尤其是现在的年轻教师，可以说是数字化时代的“原住民”，已经形成了电子阅读的习惯。因此，在纸质书的阅读上，需要用低门槛领进门，激发起其阅读兴趣后，才能走向更多的书。

毫无疑问，教师需要读一些“磨脑子”的书，但这也是需要策略的。就像体育锻炼需要先热身一样，如果一个在专业阅读方面属于新手上路的教师，一上手没让脑子预热，就开始“磨脑子”，很容易把脑子“磨坏”，反而坏了阅读的胃口。

当然，对于已经处于较高阅读层次的教师而言，可能对这一类的书会不屑一顾，认为太小儿科。但是，在阅读上处于不同阶段的教师，正像那匹过河的小马，要自己尝试过才知道河水的深浅，而问跟自己体型相差太大的动物，是要被误导的。因此，在教师专业阅读方面，新手上路，不能忽视那些“桥梁书”。

同样，关于阅读的指导书，也是有梯度的。现在，《如何阅读一本书》的口碑非常好，但这本书并不好读，没有一定阅读基础的教师如果直接把这本书作为阅读指南，会很受伤的。如果读了《读书是教师最好的修行》，又累积了一定的阅读量，然后去读《如何阅读一本书》，就能把这本书读下去，并从中受到很大的启发。

《读书是教师最好的修行》一书中有很多关于教师阅读的拓展线索，教师有兴趣，可以从这本书走向更多的书。这本书不仅收录了作者关于 50 本书的读后感，还在书中另外推荐了 50 本书。作者所读的书和所荐的书，大多跟教育有关，既有经典著作，也有前沿著作，可以帮助教师找到更多适合自己阅读的书。

当然，可以起到激发教师阅读热情的“桥梁书”还有很多，比如张贵勇的《读书成就名师》、聂震宁的《阅读力》、斋藤孝的《阅读的力量》等。新手教师可以根据自己的需要适当选择一些看看。

现在，“唤醒”这个词非常流行，最重要的唤醒是自我唤醒。在走上阅读之路时，如果你不想装睡，是可以被唤醒的。对于在专业阅读方面还处于新手时期的教师来说，通过阅读一些“桥梁书”来进行自我唤醒，是很有必要的。

阅读榜样，何必舍近求远

前些年，我曾经在《中国教育报》上读到过该报记者张贵勇写的一篇题为《教师的阅读时间从哪里来》的文章。这篇文章中提到，窦桂梅、王崧舟等知名教师同时也是阅读达人。曾两度获得国家基础教学一等奖的窦桂梅，还有着读书就是最好的“精神化妆”的名言。

当然，可以把窦桂梅作为我们阅读方面的精神榜样，但对普通教师而言，窦桂梅让人有一种非常高大上的感觉，总觉得离她有很远的距离，可望而不可即。从某种程度上说，只有适合的参照对象，才能产生真实的内驱力。参照对象太过高大上，会导致自己的效能感不足；参照对象没有可比性，会导致对自己触动不够真实。相关研究表明，就在你身边，能够对你造成刺激的参照对象，才是促使你真正产生内驱力的原因所在。

因此，对于广大教师而言，身边的榜样更具真实性和参照性，会对自己内心产生很大的触动。说句时髦点的话，这样的榜样才真正给力。

2016 年 9 月，镇海区“研之乐”读书会成立。在全区教师报名时，我发现了一位年龄比较大的小学女教师。这位已经评上副高职称的冯雪波老师成为读书会当时年龄最大的一位会员。在随后举行的浙江省第十一届教师读书征文比赛中，冯雪波老师也认真参加了，并获得了省级一等奖。此后，我发现凡是读书会的作业，她都及时上交。我觉得冯雪波老师是一个很值得学习的身边榜样，决定利用合适的机会隆重推出。

于是，在 2017 年 3 月的一次全区性的读书分享会上，我安排冯雪波老师做了主题发言。这位教龄近30年的老师的发言给与会教师带来了很大的启发，也进一步激发了其他教师的阅读热情。不少教师在读书总结材料中写道，像冯雪波这样资深的老师还这么爱阅读，我们还有什么理由不好好阅读呢？

说起冯雪波老师的榜样力量，我想起了她的徒弟刘侃飞。有一位年轻女教师在休完产假后就要求参加“研之乐”读书会，并且积极参与读书会的各类活动，交作业也非常积极，后来我才知道她是冯雪波老师的徒弟。可见，身边的阅读榜样更具感染力，也更容易触动自己。

近几年来，“研之乐”读书会的“资深”会员冯雪波老师影响了区内更多的教师。她连续两年参加了“啃读挑战”活动，经常参加读书会组织的各类读书分享会，她这样与阅读同行的做法令很多教师发自内心的钦佩。

身边的榜样，不是仅限于校内的，也可以是一定区域范围内的。参加各类读书组织和各类读书分享会，可以以阅读的名义结识更多爱阅读的同行。“研之乐”读书会在各类主题读书分享会上会有意识地推出一些优秀的教师，他们往往也能成为其他教师的阅读榜样。因为有“研之乐”读书会这一教师专业成长的共同体，大家在相互砥砺下进一步前行，并能从中找到促进自己的阅读榜样。

在我的阅读经历中，也碰到过不少身边的榜样，从中受益匪浅。

在仁爱中学工作时，我能形成阅读习惯、爱上阅读，跟当时的校长毛志挺（现任镇海区教育局党委书记、局长）有很大的关系。毛志挺校长自身爱阅读，还非常重视教师阅读。他在全校教师大会上公开表扬专业刊物订得多的教师，并出台了“教师专业刊物补贴制度”，教师订阅专业刊物，学校补贴一半，作为教师成长的一种福利。我当时还注意到一个细节，毛校长原先是高中数学教师，担任仁爱中学校长后，开始从事初中数学教学工作。初中和高中的数学刊物他都订阅，其中订阅初中的数学刊物他能享受学校补贴一半的政策，而订阅高中的数学刊物，他则要全部自费。

毛校长还坚持每周推荐一篇文章给教师学习，并附上自己的读后感。作为校长，他有很多行政事务要处理，还有一个班的数学教学任务。但每周一次的校长推荐文章，他从不落空。要坚持每周推荐一篇有价值的文章供教师学习，这背后得有多大的阅读量呀！作为学校教科室负责人，我负责每一期校长推荐文章的编辑和分发，并从毛校长身上学到了很多，最重要的是激励自己走上了爱阅读的道路。《浙江教育报》曾以《校长和老师一起读文章》对此事进行过报道。

调入镇海区教科所工作后，我的主管领导、镇海教师进修学校书记兼区教科所所长秦新宁也非常爱阅读。此前，我曾听区里的很多同行说起过秦书记热爱阅读的事。在他的大力支持下，“研之乐”读书会的各项活动开展得有声有色。他经常买书，办公桌上堆满了书，文学评论、社会科学、管理理论，各种各样的书都有所涉猎。在“研之乐”读书会开展的每次活动中，他总会给大家说上几句鼓劲的话，短短几句话就体现出了他的书香本色。我有时去他办公室聊完工作后，也会交流一下阅读方面的话题。平时，经常能看到他静心阅读大部头著作的情景。可以说，秦新宁书记在阅读上也成为我学习的榜样，从他身上我也学到了很多。

我们身边会有各种值得学习的阅读榜样，身边的榜样更有力量。寻找阅读榜样，真的不需要舍近求远，不妨从身边寻找吧。

让自己在阅读中多点获得感

“获得感”是现在非常热的一个词。从阅读的价值来说，读有所得是自然的追求。因此，对于教师的阅读来说，让自己有获得感是非常重要的。现实中，不少学校有心想推动教师阅读，但困难重重，很重要的一个原因就是教师在阅读中没有获得感，只有任务感。

如果教师在阅读中真正得到好处，有获得感，会进一步激发其读书的热情，逐步形成了阅读习惯，这样即便学校不推动，自己也会自我驱动。

由于阅读是慢的艺术，教师阅读的成效显现也比较慢。如果当下的努力和未来的收获之间间隔过长，会让教师丧失阅读的热情。及时的正向反馈则更见成效。现在有些企业针对一些年轻人的心理特点，在工作考核上给予及时反馈，也是同样的道理。

对于教师而言，如果能在阅读上经常有些正向反馈的话，就会让自己有获得感。比如浙江教育报刊总社每年举行读书征文比赛，教师是无门槛参加的。又如浙江教育在线每年举办“大视野杯”“我的教育理想”读书征文比赛，除了指定书目外，也无其他门槛。教师只要做一个有心人，用心写好读书心得，就可以参加比赛。据我所知，有些教师就是因为参加比赛获奖，进一步激发了自己的阅读热情。

一个教科室负责人介绍说，她在的学校原先很少有教师养成写文章的习惯，在组织参加浙江省教师读书征文比赛的时候，很多教师都是通过她一一做工作才参加的。其中，有位教师拖了很久，她一次次去催，这位教师终于在截稿前交稿了。后来，这篇文章获得了浙江省教师读书征文比赛三等奖。这位教师主动向她表态说明年不用催了，保证积极主动参加。其实，对很多教师来说，获奖也是认真读书、认真写心得体会的动力。在教师阅读上，我们不能唱高调，认为阅读最重要的是精神的享受，要去功利化。事实上，在很多事情上，没有一点功利心还做不成事，就教师自身的成长而言，也是如此。

“研之乐”读书会自成立以来，每年联合区教科所和区教育学会举行寒假读书征文比赛，第一年的参赛数为 160 多篇，第二年的参赛数为 400 多篇，第三年的参赛数就超过了 550 篇。浙江教育报刊总社组织的年度浙江省教师读书征文比赛，在零门槛的情况下全省一般每年参赛数也就 3000 多篇。一个区的教师读书征文比赛能有这么多人参加，也说明很多教师形成了参与评比的习惯，努力让自己的阅读有获得感。

为了鼓励教师多读新书、多读好书，镇海区每年的寒假读书征文比赛，都会有推荐书目。这个推荐书目主要是从《中国教育报》评选的“教师喜爱的 100 本书”和中国教育新闻网评选的“影响教师的 100 本书”中精选出来的。教师提交的读书征文，如果是写推荐书目内的书，则在评奖的时候优先考虑。从教师上交的读书心得来看，大多都是写推荐书目中的书的。这也表明，参赛教师不能拿以前写的文章来参赛。因此，参赛教师确确实实在寒假里阅读了最新的一些好书，并写了读书心得，这对教师的成长是很有帮助的。以 2019 年寒假读书征文比赛为例，有一本《原生家庭：如何弥补自己的性格缺陷》，入选了《中国教育报》和中国教育新闻网的 2018 年度十佳图书。现在媒体对原生家庭的讨论比较多，于是我就把这本书列入推荐书目，让教师们通过阅读这一热点问题形成更理性的思考。全区有 35 位教师提交了这本书的读书心得。另外，推荐书目中于永正老师的著作《我的教育故事》也是《中国教育报》评选的 2018 年度十佳图书，全区有 44 位教师提交了这本书的读书心得。

我觉得教师积极主动参加读书征文比赛是好事，为此，区级读书征文评选既不给学校定最低指标，也不设篇数限制，给更多的教师提供参加比赛的机会。因为一旦每所学校都有参赛篇数限制，那么有些教师想参加也没机会了。

从组织区级层面的教师读书征文比赛的角度来说，是鼓励教师读写结合，给喜爱读书的教师搭建一个促进他们成长的平台，也让他们有增加获得感的机会。对于这样的比赛，教师完全是自愿参与的。如果学校重视，鼓励教师参加比赛，并给教师提供书，那自然是一件好事。如果没有学校的支持，教师自费买书阅读，这种为自己成长买单的精神更加值得嘉许。

其实，无论外界条件多么有利，最终的自主权还掌握在教师手中。有的教师，每年的区级寒假读书征文比赛都参加。同样的一个比赛，有的学校差不多一半的教师参与，有的学校只有寥寥几位参与。

当然，教师参加各类读书征文比赛，只是让自己增加获得感的一种表现。我们还可以把读书心得融入教育随笔和教学论文的写作中，切实感受阅读带给自己的各种便利。阅读的道路很漫长，阅读的成效显现慢。给自己增加获得感，可以让自己在阅读的道路上得到一些及时的、正向的反馈，可以增加前行的动力。

并不是所有人都有“板凳要坐十年冷”的耐心，教师在阅读的道路上，多给自己一点获得感应该算是一种有效策略。

教师专业阅读要有“啃读”精神

近些年，我曾同多位教育媒体阅读版的编辑交流过一个话题，那就是教师应该多读一点专业类的著作。这一点得到了他们的认同。我也就这个话题写过一些文章并在教育专业刊物上发表，如《教师的阅读应多点“专业味”》《教师的阅读首先要基于“教育类”》。

教师在阅读上要更多地关注专业类的内容。这并不是说教师不要读其他的内容，而是如何处理好专业内容和其他内容的关系。在日本著名脑科学家茂木健一郎所著的《如何用阅读改造大脑》一书中，有这样形象的描述：要使大脑变聪明，需要“高度”和“广度”。这里，“广度”指的是一个人不同的阅读领域，“高度”指的是一个人在该领域的阅读量。把这个描述套用到教师的阅读上，也就是教师既需要有不同领域的阅读，也需要有专业领域阅读的高度，没有专业领域的阅读高度，教师的专业性自然就很难体现。

客观来讲，有些专业类的书并不好读。在《中国中小学教师基础阅读书目》中推荐的专业类书籍，差不多占了全部书目的一半。从日本学者外山滋比古的分类来说，教师专业阅读，很多时候面临着不少未知信息。如果教师本来就缺乏一定的专业阅读，没有相应的基础，那么读专业著作自然就会感觉有难度。

一个缺乏教育专业阅读基础的人，去阅读理论性较强的教育理论著作，就会有读不懂的感觉。当然，也有人认为，读不懂的书未必要读。但是，在自己的专业领域，知难而退就不应该了。

有些阅读的内容，尽管自己不喜欢，但也不得不读。一些故事类的书就比较好读，但有点理论性的，自然会有难度。因此，在专业阅读上，要有一种“啃读”精神。需要正襟危坐，慢慢地读，一点点读下去。

如果在专业阅读上缺乏相应的功底，看到的就都是一个个专业的术语。但有了一定的基础之后，这些词语就变得不那么“面目可憎”了，也就是说，原先让你难以理解的术语，到了一定的程度之后，就能看懂了。

在专业阅读上，要有适度登台阶的意识。从专业阅读的难度来看，叙事类的书最容易读，大家都读得懂。但是，仅读这一类的书，读多了，不利于自身的进步。这样，就需要跳出叙事类的书，去阅读有一定的理论性或理论性较强，甚至是哲学类、政治类的书。

我曾参加过多次课题检查活动，多次听教育科学专家说起中小学教师在开展课题研究中的共性问题，一是文献综述做得不好，二是缺乏理论指导。当然，这不是说教师非得要去创生什么理论，而是缺乏必要的提炼和理论指导。

就教师的专业阅读来说，既要有综合教育类的专业阅读，也要有学科类的专业阅读。目前，学科类的专业阅读还没有引起足够的重视。《中国教育报·读书周刊》2017 年曾策划了一期暑期专题阅读，关注的是数学学科的阅读，还配发了一篇评论文章《数学教师更须补上阅读这一课》。在这期策划中，推荐了《数字与玫瑰》《我就是数学》等 10 本数学学科方面的阅读书籍。

当然，专业阅读相对而言总是枯燥一点的，有时大家结伴而行共同阅读，效果可能会更好些。

在教师的专业阅读上，可以考虑四个方面的著作。这也是我在和同行们交流阅读方面的话题时梳理出来的，大体还是值得参考的。

第一类是教育理论和教育名家的著作。教育理论和教育名家的著作有时候很难区分，因为有些教育理论著作就是教育名家写的，索性就把这两部分书放在一个类别。比如吴非的《不跪着教书》《致青年教师》《课堂上究竟发生了什么》三部曲；佐藤学的《静悄悄的革命》《教师花传书》；郑杰的《给教师的一百条新建议》《首席教师》；李政涛的《教育常识》《重建教师的精神宇宙》《倾听着的教育》等。

第二类是德育和班主任类著作。当然德育理论方面的著作也可以纳入教育理论范畴，但为了突出教师的德育专业化，所以把德育和班主任类的著作归为一类。现在，有很多的优秀班主任也出版了不少有影响力的著作，比如郑英的《班主任可以做得这么有滋味》，陈宇的《你能做最好的班主任》等。

第三类是教育心理学类著作。教师阅读心理学类的著作，从中可以获得专业视角，即原先只知道这样做，有了心理学理论的支撑，可以知道为什么要这样做。心理学类的著作很多，对于教师而言，主要以教育心理学为主。这样的书有《好懂好用的教育心理学》《教育中的心理效应》《班主任工作中的心理效应》《管理心理学的智慧》等。

第四类是教育科研指导类的著作。这方面的著作，主要是对教师进行教育科研工作进行指导，减少教科研工作中的盲目性。这一类的书有很多，比如《今天怎样做教科研》《教师怎样做课题》《与一线教师谈科研》等。尽管现在教师从事的多是行动研究，但行动研究并不意味着盲目行动，读点教育科研指导类的书，可以帮助教师在研究中更好地促进自我成长。

上述四类专业书不涉及具体的学科，所有的教师都可以去关注。所列举的这些书名也只是具体的例子，以便大家更好地理解这样的分类。这些专业书有些很好读，有些不好读，教师在阅读的时候，可以把易读的和难读的进行交叉阅读，让自己的阅读达到一种平衡。

当然，教师在进行专业阅读的时候，需要有一定的规划，有明确的目标，才能有更好的前行动力，对可能遇到的困扰要有足够清醒的认识和攻坚克难的心理准备。

当你有了一定的专业阅读基础后，再回头去阅读原先曾认为很难读的书，就会吃惊地发现，这些书现在看来也不那么头大了，自己也能顺利地读下去了。按照有些学者的说法，“大量的读书可以使大脑如腐叶土般进行发酵，在脑内形成优质的土壤。”也就是说，专业阅读多了，到一定时候收获专业成长也就是水到渠成的事了。

读书分享，请不要念稿

我曾经在某所学校的校园网站上看到过该校进行教师读书分享会的信息，从网站上的照片来看，10 多位教师基本上都是在念稿。事实上，在不少学校的各类会议上，教师交流经验的时候，念稿的现象还是较为常见的。教师是吃“开口饭”的，也有人将教师的职业称为“舌耕”，因此，教师应该具备一定的讲话能力。现在各类的教师业务比武，比如论坛、说课等，教师如能脱稿发言，则能占很大的优势。

最近，我也观摩了某学科的说课比赛，尽管比赛规则上没有脱稿的要求，但是参赛选手如能脱稿，效果肯定会更好。那些基本按照自己准备的材料在念的教师，整体感觉就比较沉闷。有些教师尽管不能完全脱稿，有时候会瞄几眼稿子，但整体感觉是在利用肢体语言生动地把自己的观点表达出来，这样自然就更富表现力和感染力了。

其实，对于大多数教师而言，需要上台发言的机会并不多。所以，利用好各类公开发言的机会，来锻炼一下自己的口头表达能力是非常必要的。而在读书分享会上发言就是很好的自我锻炼的机会。教师如果对自己提出不念稿的要求，则需要更加用心地去阅读，去写好发言稿，这对自己来说是一次很好的历练。因为一旦进入脱稿的状态，就变成了生动形象的讲述，而不是“照方抓药”式的念稿了。尽管教师每天都面对学生在讲话，但是这跟在其他公开场合的发言是不一样的。有些教师在学生面前侃侃而谈，但在同行面前，讲个三五分钟都显得困难重重。

对于读懂弄通一本书，写读书心得是一种好的方式，在写作的基础上讲出来，效果则会更佳。如果没有发表或者评奖的要求，很多人写读书心得就会很随意。但是，一旦要在公开的场合讲出来，则会更加慎重，因为要考虑到自己讲出来的观点究竟有没有道理，能不能让别人感兴趣。单纯的念稿子，自己的注意力就会集中在念稿本身，而不会去关注听众的反馈。如果你是脱稿讲的，那么你会和场下的听众有更多的交流，你也能得到场下听众的反馈，从中判断出自己分享的吸引力。

不要小看一次读书分享会上的脱稿交流，或许这样的一次成功尝试会让你对自己在公开场合的发言不再怯场。同时，你的精彩表现也将改变你在领导和同事心目中的形象。这一点，对年轻教师而言显得尤为重要。如果在读书分享会上，你的发言能体现出自己对这本书的独到见解，并在交流的过程中又不失幽默，能给大家带来笑声，这样你就充分把握住了一次为自己加分的机会。如果你只是例行公事般地把写好的材料读一遍，就有可能降低自己的形象分。

我原先在仁爱中学时，每年暑假师德培训期间都会主持教师读书分享会，在安排教师作分享时，对他们提出的要求是尽量脱稿讲，不要念稿。我自己会对一年来全校开展的教师读书活动的情况做一个小结，用课件演示的辅助形式进行脱稿介绍。从做分享的教师来看，有的基本上能脱稿讲，有的偶尔瞄几眼，有的还是差不多在念稿；从效果上来看，念稿的感觉是最差的。当然，现在很多教师在分享读书心得时，会借助课件演示，但是也不应该照着课件演示念，偶尔瞄几眼没关系，但完全依赖课件演示就变成了另一种形式的念稿。

“研之乐”读书会开展的读书分享会，一般每次都会安排 3 位教师做主题发言，我也要求大家都尽量脱稿发言。从大家多次的主题发言来看，基本上做到了脱稿分享，感觉非常棒。每次区级的读书分享会结束后，大家都觉得上台发言的教师讲得非常好。也正是因为主题分享是很好的自我成长的机会，“研之乐”读书会的每次分享会，事先安排一些教师做主题发言，大家都非常乐意接受，都会进行精心的准备，来表现自己最佳的一面。

现在，讲故事的能力非常重要，我曾经读过这样一本书《你的团队需要一个会讲故事的人》。于永正老师去世后，他的徒弟们整理出版了于永正老师的著作《我的教育故事》，这本书被《中国教育报》评为2018年度教师喜爱的100本书中的十佳图书。如果我们分享于永正老师的《我的教育故事》一书时，却是在用念稿的方式，那真的是大煞风景。我们每位教师既要会书写自己的教育故事，也要会讲好自己的教育故事，要利用各种场合来讲好各类教育故事和成长故事。

目前，清华大学把“写作与沟通”作为本科生的必修课，很多人都把注意力集中到了提高写作能力上。其实，表达能力，不仅包括书面表达，也包括口头表达。与国外相比，我国对学生演讲能力的培养是欠缺的。今天的教师也是由昔日的学生成长起来的，因此，不少教师的口头表达能力也存在一定的不足。教师在提高书面表达能力的同时，也需要注重自己口头表达能力的提高。相比较教师的写作能力，教师的口头表达能力在某种程度上显得更为重要。

知名校长高峰在《重新发现学校》一书中提到他当评委的一点感想。他应邀去担任北京市高中校长人才储备库的评委，结果发现有很多年轻有为、风华正茂的高中副校长，即使回答一个最基本的学校教育问题，也显得吞吞吐吐、言不由衷、答非所问——不会破题，不会演绎，不会提取证据来证明自己的观点。能够做高中学校校长的人，一定是经过了多年的学习、教学、管理的历练，却不能自如地表达自己的观点，着实令人遗憾。高峰校长提到的这个案例很值得我们深思。可见，关注教师口头表达能力绝对不是伪命题。

现在，随着全民阅读的大力推进，教师的阅读也会越来越受到重视。教师在提高阅读量的同时，不妨利用阅读的机会，来提高一下自己的口头表达能力。教师要提高自己的口头表达能力，提高自己在公开场合的发言水平，在读书分享会上不念稿就应该成为自己的自觉追求。

教师要善用“共读”的力量

“有一千个读者，就有一千个哈姆雷特。”同样，读同一本书，不同的人会有不同的感悟。如果你读了一本书，不妨听听别人对这本书的阅读感悟，这样可以让你有更多的收获。在仁爱中学教师读书社成立的初期，定期开展共读书的分享，比如先后开展了《做一个幸福的教师》《优秀教师的 9 堂必修课》《教育是慢的艺术》等书籍的分享，大家结合自己的阅读感悟，在分享会上畅所欲言，有些教师的精彩发言，给其他教师留下了深刻的印象。

当然，从组织者的角度来看，通过举办读书分享会可以让“共读”发挥很大的作用。同样，对参与的教师而言，如果自己能善用学校开展“共读”的机会，在读一本书时就能够获得更多的益处。

2018 年，镇海区“研之乐”读书会发起的“啃读挑战”活动，参与者每人读了 6 本共读书和 6 本自选书。其中，《让教育明亮》《最高目的》《如果我当教师》《课堂转型》《苏霍姆林斯基教育学说》这几本书，我们都举行了读书分享会，每次活动都安排部分教师做了主题发言。作为活动的发起者，这些书我也都认真读过了，但听不同教师所做的分享，也带给了我很多的启发。很多与会教师表示，每次参加读书分享会，会让自己觉得好好读一本书真的很有价值。可见，“共读”一本书，可以深挖其价值。

现在很多学校都在开展“共读”活动，教师在参与“共读”活动的过程中，可以从更多的身边同行中汲取智慧。

当然，从学校的角度来说，“共读”还有形成共同价值追求的作用，并且让大家有共同关注和探讨的话题。对于教师来说，虽然有不同的阅读偏好和需求，但对于共读书，还是应该积极对待。通常学校开展“共读”活动，会有一定的期限，这样也会起到督促自己阅读的作用。

另外，除了全员“共读”外，教师也可以去参加“共读”的小团体。仁爱中学每年暑假都会开展一次“让教师读自己爱读的书”活动，每次都会推荐6本书，让教师自行选择。由于书是自己选的，这样选择相同书的教师就在无形中形成了一个小的“共读体”。比如有很多教师选择了《学生管理的心理学智慧》《真正的陪伴》。这样，当你读了自己感兴趣的书后，就可以与身边共读此书的同事交流。教师自发地进行交流和分享，比自己单独阅读的效果要好一些，正如“独乐乐不如众乐乐”。

我曾听中国阅读学研究会前会长徐雁教授在一次关于阅读推广的讲座中提到，在开展经典著作阅读时，最好在班级图书角放上一本著作及两本副本，这样可以让孩子们在阅读中你追我赶并促进相互交流。其实，对教师而言，无论办公室是按教研组坐还是按年级组坐，大家能围绕共读的一本书，日常多开展些交流的话题，对于营造校内阅读氛围是很有帮助的。当然，这样做也可以使教师在日常的“共读”分享中获得更多的阅读感悟。

“研之乐”读书会开展过一次《简明生本学习策略》主题读书会，书由宁波出版社免费提供，读书会由教师自主报名参与，要求每人撰写一篇读书心得。在此书的分享会上，大家从不同侧面谈了阅读这本书的体会。有的教师之前就进行过生本教育方面的探索，觉得这本书中的很多策略都非常实用。这样的一次主题读书活动，让大家觉得收获很大，决定在实践中要运用这本书中提到的策略，并约定以后将继续就这本书进行交流。

听他人的交流是一种学习，读他人写的读书心得也是一种学习。有的学校会把教师“共读”一本书的读书心得进行汇编，这样对教师而言就是一份很好的学习材料。

从阅读同一本书的读书心得来看，“共读”可以打破时空限制。比如你读过某一本书，看到相关刊物上发表的同一本书的书评文章或者读书心得，好好读读，就会引发自己另外的一些思考。在我的阅读历程中，我在《中国教育报》上看到刊发的其他作者撰写的读书心得，我会好好学习一下，看看人家是从什么角度来写读后感悟的。当然，这个过程也无形中提高了我写读书心得的水平，也算是“共读”方式的副产品吧。

客观地说，原先我自己写读书心得的水平也不高。于是，我就想到了向别人借智慧的方式。曾经有一段时间，我把在浙江教育报刊总社举办的浙江省教师读书征文比赛中获一等奖的文章的电子版下载下来，汇编后作为自己的学习资料。如果里面的文章涉及自己读过的书，我就会特别用心地看一下，毕竟能获省级一等奖的作品，总是有自己的独到之处的。

此外，如果在网上和教育报刊上看到对某些好书的介绍，我也会把这些书买来读，主动加入“共读”的行列中。如 2018 年 9 月，很多媒体都在介绍《苏霍姆林斯基教育学说》，有家权威媒体还报道说这本书是向苏霍姆林斯基 100 周年诞辰的献礼之作。于是，我就第一时间买了这本书，随后把它推荐给更多的同行阅读。后来，这本书被中国教育新闻网评为 2018 年度“影响教师的 100 本书”中的“十佳图书”。

教师自己也可以创造“共读”的机会。自己读过的好书，不妨推荐给别人，这样无形中就给自己创造了更多交流这本书的机会。当然，教师也不妨留意下自己身边的同行在读什么书，主动加入“共读”的阵营中。

在移动互联网时代，“共读”的时空界限已被打破，做一个有心人，就能更好地利用“共读”的力量，在“共读”中汲取更多的智慧。

家庭教育类著作不应缺席教师的阅读

2019 年全国“两会”期间，关于家庭教育立法的呼声比较高。据悉，家庭教育立法已列入第十三届全国人大常委会的立法规划。有评论指出，家庭教育立法被不断呼吁的背后，是我们深知的：教育孩子不能只靠教师，家庭教育也很重要。

毫无疑问，在教育孩子这个问题上，家长和教师的目标是一致的，大家是同一战壕的战友，是“同盟军”。但在现实中，由于家校关系紧张而引发的矛盾也经常见诸各类媒体。可以说，如何处理好同家长的关系，应成为教师的一项修炼。

还有一点不容忽视，现在的家长对孩子的教育非常重视，家长自己获得各类教育知识的渠道非常多，也非常便捷。因此，今天的教师想让家长从内心真正佩服自己，并不容易。

全国政协委员、民进中央副主席朱永新认为，针对家长的养育焦虑，教育部门和相关部门可以帮助家长缓解教育焦虑情绪，如帮助家长了解子女的品行教育、亲子关系的科学知识，了解家庭教育的特点、规律、方法，知晓包括家庭教育政策等在内的与其子女升学、教育分流密切相关的教育政策内容，以减轻家长教育孩子的压力，特别是精神压力和时间成本。

可见，今天的教师需要不断补充家庭教育知识。教师自身是家长的，需要提高自身的家庭教育水平。如果教师自身教子有方，对家长而言则是一个很好的范本。教师自身还不是家长的，如何去指导家长则更需要加强学习。

教育部颁布的《关于加强家庭教育工作的指导意见》中明确指出，要强化学校家庭教育工作指导。中小学幼儿园要建立健全家庭教育工作机制，统筹家长委员会、家长学校、家长会、家访、家长开放日、家长接待日等各种家校沟通渠道，逐步建成以分管德育工作的校长、幼儿园园长、中小学德育主任、年级长、班主任、德育课老师为主体，专家学者和优秀家长共同参与，专兼职相结合的家庭教育骨干力量。

那么，家庭教育指导力，就成为教师的一项基本修炼。2019 年全国“两会”期间，全国政协委员倪景润明确指出，要提高教师的家庭教育指导力。2019 年 3 月 12 日，《教育时报·教师导刊》头版头条刊发了《为啥教师要先教好自家娃儿》，并特别强调教师要做家庭教育的示范者和指导者。现实中，教师的家庭教育指导力能满足目前的需求吗？2019 年 3 月 15 日，《浙江教育报·教师周刊》头版头条以《教师还得“教好”家长——看“家庭教育春天里”的教师担当》为题，对教师的家庭教育指导力这一热点问题进行了关注。在这篇报道中，教科研专家、校长和教师从各自的角度阐述了对教师家庭教育指导力的看法。从这篇报道来看，整体而言，教师的家庭教育指导力还没有引起学校领导和教师的足够重视，而且，关于教师家庭教育指导力的系统性和专业性的培训还不多。但现实又对教师的家庭教育指导力提出了严峻的挑战。有校长指出，如今城市学校的很多家长都接受过良好的教育，教师家庭教育指导水平不够的话，家长就不会买账。有的校长也明确指出，应该把教师的家庭教育指导能力作为教师必备的专业能力。

可见，提高家庭教育指导力，成为每一位教师都必须关注的现实话题，成为教师迫切需要提高的专业能力。在外界条件还不是很好的情况下，教师多阅读家庭教育方面的著作，可以说是在家庭教育能力提升上的“自我救济”。

关于家庭教育类的书，市场上有很多，但鱼龙混杂，良莠不齐。

新阅读研究所研制的《中国父母基础阅读书目》可供教师参考。据介绍，这是国内第一份系统、权威、科学、公正的父母阅读基础书单，由边玉芳、关颖、王林等 100 余位专家历时 3 年，经过 10 余次修改才最终确定的。这个书目分为“儿童发展类”“父母成长类”和“亲子互动类”，共100本，其中基础书目30本，推荐书目70本。以基础书目为例，“儿童发展类”的书有《儿童健康指南：零到十八岁的身心灵发展》《习惯决定人的一生》《童年的王国》等；“父母成长类”的书有《爱的艺术》《好妈妈胜过好老师》《教育漫话》等；“亲子互动类”的书有《傅雷家书》《朗读手册》《塔沙的传家宝》。教师了解了这个书目，可以知道家庭教育类的著作究竟应该看哪些。如果对这个书目感兴趣，可以进一步阅读一下山西教育出版社出版的《中国父母基础阅读书目・导赏手册》，这本书是对上述100本书的大致介绍，还有若干的延伸阅读书目。

父母阅读书目和中小学教师阅读书目有少量的重合，这说明一些与儿童成长相关的教育类书籍，既适合父母阅读，也适合教师阅读。

教师多读一点家庭教育方面的书，可以提高自身家庭教育方面的知识和理论素养，可以对家校共育有更深刻的理解。这样，教师在和家长的交流中，可以谈一些家庭教育的道理，也可以向家长推荐一些书。否则，在家庭教育方面，教师还不如家长，在家长面前就会缺少足够的威信。

现在，在很多地方，教师的文化水平跟家长比也不一定占优势，尤其在一些知识分子扎堆的地区。前段时间，某小学有194位博士家长的消息曾在网上引发了广泛关注。尽管这是个特殊现象，但是现在教师在文化程度上并不高于家长在很多地方是一个普遍存在的现象。因此，教师如何让家长真正信服自己，是教师面临的一个新挑战。

原国家督学成尚荣先生认为，儿童研究是教师的第一专业。教师只有真正读懂儿童，才能更好地体现自身的专业性。关注儿童发展，是教师和家长应该共同努力的方向。而在父母阅读书目中，儿童发展类的书占了1/3，这也表明教师不能缺少这方面的阅读。无论是着眼于自身专业水平的提高，还是着眼于更好地指导家长，教师都必须进一步重视儿童发展类著作的阅读。

提升自身的家庭教育指导力，已成为新时期每一位教师的基本素养。在现实需求面前，教师多阅读家庭教育方面的著作不失为一个明智的选择。

让阅读助力自身德育专业化

2017 年 1 月，我在《中国教育报》上读到该报记者采写的题为《当三个班的班主任的“传奇”》一文。的确，现实中，很多教师嫌班主任工作又苦又累，内心真正乐意当班主任的教师并不多。而一个青年教师同时担任三个班的班主任，自然堪称“传奇”了。不过，真正让我感到惊讶的是这位班主任接受记者采访时说的一句话：“老师真的要多学习，要由传统型班主任向教练型班主任转变。”当时，国内第一本关于教练型班主任的论著《走进生命的教育——教练型班主任专业修炼》出版还不到一年的时间。而这位年轻的班主任就能用上最新的专业术语来总结自己的专业成长经验，可见，他是非常注重班主任专业成长方面的阅读的。

读到这篇报道的时候，我不由得想起了教师德育专业化的话题。教师德育专业化的提法是北京师范大学博士生导师檀传宝教授提出来的，他认为教师的德育专业化不仅指德育教师、班主任的德育专业化，还指学校全体教育工作者都应该掌握现代德育的规律、知识、技能，唯其如此，才能实现德育素养的专业化发展。2012 年 2 月，檀传宝教授等著的《走向德育专业化——学校德育 100 问》出版后，我第一时间认真阅读了，并因此成为教师德育专业化的铁杆支持者。

“全员育人，人人都是德育工作者。”这句话相信很多人都听说过。当然，从学校管理的角度来说是对的，因为教师不仅要教书还要育人。现在甚至有人提出来要把教师的天职从“教书育人”改为“育人教书”。

但是有一个问题同样值得我们思考，每一位教师都具备开展德育工作的能力和资质了吗？教师的德育意识、德育能力难道不需要培养吗？试想，一个刚走上工作岗位不久的教师，前几个月还是大学生，还是德育工作的对象，那么走上工作岗位后，就实现了华丽转身，变成了一个称职的德育工作者了吗？其实，这么一较真儿，做好德育工作，还真不是一件很容易的事。

现实中，学校德育工作中很不专业的现象时有发生。文化名人朱大可先生曾写过一篇题为《洗脚、下跪磕头和道德演出》的文章，读来发人深省。只要我们稍微留意一下，不难发现很多冠以感恩、孝顺等名义的洗脚、下跪、磕头等行为经常在德育活动中出现，而且往往还场面壮观、声势浩大。这样的做法，其实是学校德育工作缺乏专业性的一个缩影。

“洗脚式感恩”近年来屡遭批判，但就像打不死的小强一样，依然会在各地上演，如果你有心，在网上搜索一下，各种类型的洗脚图片比比皆是。2017 年，某高中在军训期间，在操场上组织了 1000 多名新生给父母洗脚。该校相关负责人说这是一个非常有意义的活动，以后还将继续。事实上，洗脚的创意来自央视的一则公益广告，大意是一位年轻的妈妈给孩子的奶奶端洗脚水，结果孩子给妈妈端来了洗脚水。这个广告的本意是家长的行为对孩子有很大的示范作用，结果学校直接把洗脚的形式给学了过来，真的是有“捡了芝麻，丢了西瓜”的感觉。对于学校“洗脚式感恩”的做法，甚至有媒体发表评论，“感恩教育总靠洗脚，教育方式黔驴技穷”。作为教育人，看到这样的评论文章，应该有脸红的感觉。

当然，教师提高自身的德育专业化水平，也不是一蹴而就的事，要有意识地阅读德育方面的著作，阅读德育专业刊物的文章，从意识上真正重视起来，这样才能更好地提高自己的德育专业化水平。

和教学常规一样，德育工作也有很多常规的工作。对于教师而言，如果对这些德育常规工作都了然于胸，就可以少走很多弯路。因此，教师可以有意识地阅读这方面的著作。

另外，可以阅读一些德育方面的理论著作。在《走向德育专业化》一书中，作者列举了不少德育理论的流派。如果我们所开展的一些德育工作，能找到明确的理论依据的话，做起来自然就更有底气了。这本书中，从德育理论的角度，给了我们很多的思考，比如苏霍姆林斯基的教育思想对我国德育工作有哪些启示？马卡连柯的平行教育思想对我国德育工作有哪些启示？诺丁斯关怀理论对学校德育工作有哪些启示？马斯洛的人本主义心理学理论对我国德育工作有哪些指导意义？

我们都知道柯尔伯格关于道德认知发展的“三水平六阶段”理论，很多人也就是嘴上说说而已。但是，雷夫老师就是在用这一理论去培养学生的，在一年的时间里，让学生能向着高层次去努力。也正是因为学生有了明确的奋斗目标，就有了一步步去实现的动力。雷夫作为一线教育工作者，也是用德育理论来指导自己的育人实践的，而且用得很成功。

现在，随着德育专业化的推进，班主任工作的专业性进一步增强，不少地方在班主任专业成长方面设立了跟学科同等的专业成长序列。客观地说，现在我国的中小学班主任很少有专职班主任，班主任都由学科教师兼任。这样，有了班主任专业成长序列，班主任就多了一条专业成长的通道。但也意味着班主任要进一步增强德育方面的研究意识，提高德育方面的研究能力，形成德育方面的研究成果，班主任自然需要加大德育方面的阅读力度。

现在，很多地方都开展了县管校聘和教师岗位全员竞聘制度，班主任工作在考核量化中占很大比例，这样无形中就增加了班主任岗位的吸引力。其实，即便是在常态下，至少有30%～40%的教师需要在班主任岗位上，如果除去一些年龄较大的和孕期的女教师不适宜担任班主任的教师群体，估计有一半以上的适龄教师群体要在班主任岗位上。可以说，提高自己的德育专业化水平，应该是大多数教师需要努力的方向。

随着在德育方面相关阅读的增多，教师可以更理性地思考自己在班主任管理中的一些做法，并积极加以改进。让阅读助力自身德育专业化，这是有追求的教师的一个理性选择。

化解写作焦虑从阅读起步

2019 年 1 月，新华社微信公众号推送的题为《一级美发师要会写论文？Tony 老师们慌了……》一文引发了公众热议。当然，要求 Tony 老师写论文不是空穴来风，而是人社部办公厅新颁布的国家职业技能标准明确规定的。

不过，国家职业技能标准并不是要求所有的 Tony 老师都会写论文，而是一级 Tony 老师，也就是一级美发师，相当于高级技师，有写论文的要求。事实上，除了一级美发师外，一级茶艺师、一级电梯维修工也都有写论文的要求。可见，对很多职业的高级别人士来说，论文写作是一种基本能力。教师也一样，在教师职称评审方面，职称越高，论文写作方面的要求也越高。当然，不同地方对教师职称论文的要求并不一致，以浙江省为例，根据《浙江省中小学教师职称评价指导标准（试行）》的规定，中级教师有一篇论文获县级三等奖就可以了，而高级教师的论文，要么公开发表，要么获得县级一等奖、市级二等奖、省级三等奖，并且要求至少两篇。可见，对高级教师和中级教师在论文的要求上的差距是很大的。这也正说明了，任何一个职业，其层级越高，对写作能力的要求也越高。

现实中，也有不少教师被写论文所困扰。说得严重点，就是不少教师的职称评审之路活活地让论文给阻断了，这也就是通常所说的被论文“一票否决”了。关于教师职称论文的话题，多年前就引发过热议。大概在 10 年前，《中国教育报》就刊发过一封读者来信，诉说因为论文发表难打击教师写作信心的烦恼。《中国教育报》也因此展开了一次如何帮助教师走出写作焦虑的大讨论。当时，我也参与了这个讨论，并在《中国教育报》上刊发了《跳出写作来看待教师的写作焦虑》一文。

近年来，由于一些媒体的报道，为了减轻教师的负担，不少地方在职称评审中淡化了论文的要求，有的不再作为前置性条件。但是，从各地公布的教师职称管理办法来看，副高级以上的职称对教育科研能力是有一定要求的，论文就是其中的一项。如果和其他几个项目比起来，论文其实并不是最难的。而且，论文方面的要求降低了，其他方面的难度就会提高。以浙江省为例，浙江省对高级教师教育科研方面的要求有五条，其中一条是特指中职的双师型教师的。对普通的中小学教师和幼儿教师而言，具体要求有四条，分别是论文、课程开发、教材编写、优质课。事实上，与其他三条要求比起来，论文也不算难。以论文县级一等奖和优质课县级一等奖相比较，虽然对不同的教师来说，难度可能不一样，但总体来说，优质课要拿县级一等奖也不是一件很轻松的事。

论文是每一位教师都可以及早谋划的事。在正常情况下，教师评上中级职称后，一般至少要有五年的时间才有资格评副高职称。那么，用五年的时间，好好写两篇职称评审的“代表作”，应该也不是难事。如果教师很用心地去对待论文写作，也不至于对论文写作有那么大的焦虑。

客观来讲，当下有些教师的写作能力并不强，要写出两篇符合职称评审要求的论文不轻松。但是，开发、出版一门校本课程并编写教材，或者出版本学科的教材，就很容易吗？

另外，还有一点不容忽视，那就是教师的专业写作是非虚构性写作，也就是说不是创造性的写作，跟有没有想象力没什么关系。即便有些教师文笔很好，但就是不会写论文。现实中，就有不少语文教师被论文所困扰，无法参评更高一级的职称。究其根源，教师不会写作论文，跟其缺乏专业阅读有很大的关系。

在教师的专业写作上，不少教师是不愿写、不会写、没空写等多种原因交织在一起的。事实上，不愿写是态度问题，不会写是技术问题，没空写是主观理由。正如现在的流行语所说，理由千万条，态度最重要。如果一个教师愿意写了，不会写可以学，时间可以挤，那么写出像样的文章只是时间早迟的问题了。

教师在阅读方面是没有硬性考量要求的，即便对于学校的阅读要求，如果采取应付的态度，也是能应付过去的。但是，对于教师写作成果的考量，那是实打实的，必须有拿得出手的文章。除去那些投机取巧的做法，教师真的需要拿出写作成果来的时候，就需要倒逼自己去阅读，在大量阅读的基础上，才有可能更好地输出。

通过专业阅读，可以了解当下教育的热点，了解自己学科的发展动态，了解本领域的同行都在关注些什么问题。不同的专业刊物，在刊发文章上有什么不同的偏好。所谓拜师学艺，专业阅读就是最好的偷师呀，这还不需要师傅来决定收不收自己为徒。如果没有专业阅读作为支撑，有些教师好不容易写出一些文章，到头来却只能一声叹息，因为这样的内容别人早就写过了，而且比你写得还要好。

当然，化解写作焦虑只是专业阅读的作用之一。当一个教师有了一定量的专业阅读之后，对教育理论也不会再有陌生感了。另外，在大量专业阅读的基础上，自己的专业自信也会更好地树立起来，因为自己对教育有了更好的理解，对教育热点问题有了更好的解读，对自己的学科领域也有了全新的认知。在有了大量信息输入的基础上，在专业写作上不会再有那种无源之水的感觉了，而且自己写作专业方面的内容，也会有那么一些独到之处了。此外，自己写作的一些东西，也有了投放的渠道，可以有针对性地去投稿。如此，在教育写作上确立个“小目标”的话，一年好好写个三五篇，那么，用五年左右的时间，来完成两篇的职称评审论文，还不是手到擒来的事了？

第四辑　因阅读而改变

在阅读中能够遇见更好的自己。或许，我就是一个很好的证明。自从走上教育阅读之路，经过几年的积淀，在阅读的滋养下，我不仅在工作上更有作为，在教育写作水平上也突飞猛进。

各种场合的教师阅读宣讲进一步磨炼了我。值得一提的是，我在陪伴中培养了孩子爱阅读的习惯，这也说明教师自身的阅读行为对学生、对子女有着重要的意义。

我不仅自己爱阅读，也有效推动了更多的教师爱上阅读。在我们学校所在的区，通过宣讲，我点燃了更多教师阅读的热情，使他们形成了阅读的习惯，进而更好地享受职业幸福感。

推动阅读，就是推动社会进步。我们每一位教师都可以通过推动阅读，来成为推动社会进步的“微力量”。

十年，从“门外汉”到“领路人”

2018 年 4 月 23 日，在北京《现代教育报》策划的世界读书日教师阅读系列报道中，刊发了一篇《专家教你如何提升阅读力》的文章。这篇文章的作者是我，有幸被《现代教育报》称为专家，我还是觉得很惶恐。这是该报编辑约我写的一篇文章，我原先写的标题是《教师阅读力提升的四大策略》。

能在首都的教育报上来探讨如何提升教师阅读力的话题，也是对自己的一种肯定。其实，这距自己真正走上教育阅读之路，刚好 10 年。也就是说，用了 10 年的时间，我从教育阅读的“门外汉”成为具有一定影响力的“领路人”了。

2008 年世界读书日期间，我邂逅了闫学老师的《教育阅读的爱与怕》，正是这本书引领我走上了教育阅读的康庄大道。或许，这就是在合适的时间遇到合适的书。在教师博览杂志社举办的“对我影响最大的一本书”征文比赛中，我写的《在教育阅读中完美教育人生》获得了一等奖，并被刊发在《教师博览》上，其中就讲述了闫学老师的这本书在我教育阅读之路上的启蒙价值。

我从最初的阅读学科专业类杂志和少量的学科专业书，到后来阅读学科专业类杂志和阅读综合教育类杂志并重。从 2008 年起，才正式走上教育阅读之路。走上教育阅读之路伊始，我意识到有很多好书自己都错过了，于是，曾经有过一段疯狂的补课阶段。

现在回想起来，那时候我走上教育阅读之路也正赶上了好时光。后来，我在相关的材料中看到，我国正式大量出版教师专业阅读的著作也就是在 2004 年前后。当时，华东师范大学出版社北京分社策划出版的“大夏书系”推出了很多名师的著作。在“大夏书系”的前期作品中，有吴非的《不跪着教书》、郑杰的《给教师的一百条新建议》、高万祥的《我的教育苦旅》、李希贵的《学生第二》等，这些书我都买来看了。2013 年 8 月，我参与了“大夏书系”的十周年庆典活动。当时，“大夏书系”出版了 14 本“十年经典著作”，我对照了一下，这 14 本都是我曾经读过的，如《教学勇气》《教师如何做研究》《过一种幸福完整的教育生活》《我的教师梦》等，这也说明我从“大夏书系”的经典著作中得到了很多的滋养。

2010 年，“源创图书”创立之后，我也一直牵手源创，吴非的《致青年教师》、李希贵的《面向个体的教育》、于永正的《做一个让学生喜欢的教师》等，我也都第一时间先睹为快了。

通过对大量优秀的教育著作的阅读，我对当下的教育热点问题有了更深刻的把握，对优秀同行们所关注的问题也有了深刻的理解。这样，在参加各类活动时，我跟专家有了对话的资本和一些共同的话题，原先在自己心目中很高大上的专家变得亲切起来，自己也更加自信了。

大量的教育专业阅读，让我在教育写作上也如鱼得水。在 2008 年以前，我很少有文章发表，所写的大多也是学科专业类论文和本校相关做法的文章。从 2008 年起，我在《中国教育报》等报刊上发表的各类文章逐渐多了起来，到 2010 年前后形成了小高峰。也就是说，真正开始教育阅读三年后，我在教育写作方面的输出有了更高的质量，比如教育随笔、读书心得、教育评论等，都能达到公开发表的水平，这在以前是自己想都不敢想的。

2011 年，我出版了自己的第一本书《从新手到研究型教师》。这本书是阅读促进自己成长的最好的成果体现，在这本书中，我讲述了自己不同阶段的阅读历程以及阅读给自己带来的帮助。

我记得陶继新老师在《做一个幸福的教师》中有这么一段话：如果你坚持读书，久而久之，你就会成为你所在单位的优秀分子，甚至是更大范围内的教育名人。《中小学数学》杂志上刊登的一篇文章也指出，如果你能坚持自己订阅两三种刊物，并长期关注七八种刊物（由学校阅览室订阅），若能坚持个三五年，你就能安全地成为一名优秀的教师。二者说的其实是同一个道理，阅读的确能促进教师的专业发展，但这是一个缓慢的过程，短期内是不能指望有立竿见影的效果。

根据高效能人士的时间管理原则，要把更多的时间投入到重要而不紧急的事情中去。对于教师来说，阅读虽然是重要的，但毕竟不像上课、赛课那么紧急。如果一个教师没在时间上进行妥善安排的话，就会把很多时间投入到重要而紧急的事情中去。但现实生活中，真正重要而紧急的事情不会太多，否则人就会疲于奔命。阅读就是重要而不紧急的事情，一个人如果在这方面时间投入多的话，日后必会有所收获。这也就是陶继新老师所说的，坚持读书就会成为所在单位的优秀分子，甚至是更大范围内的教育名人。

阅读让自己变优秀，或许我就是一个很好的范本。2008 年，我只是一所基层学校的教科室负责人，也可以说默默无闻，但长期的阅读让我有了很大的进步，无论在自身的业务进步上，还是在做好工作上。在工作上，我不再有“本领恐慌”感，而是有了更多的创意，并能有效落实。“板凳要坐十年冷”，一位教师只要坚持专业阅读，并能有意识地把读写结合起来，那么，这个教师就会走在“自成长”的道路上。

因为自己在专业阅读上获得了成长的力量，我也希望把这份力量传递给更多的同行，和大家一起在专业阅读中遇到更好的自己。目前，我正行走在这条路上。

在“专题研读”中收获丰硕成果

在具体的阅读方式上，有一种叫作专题研读，也就是针对某一个领域的长期关注。我一直用研究的态度来推动教师阅读，把教师阅读作为自己专题研读的内容。这些年，我不仅购买相关的图书，也在期刊网上下载相关的研究成果，并在网上搜集相关的新闻报道。在长时间的专题研读中，对教师阅读有了更深刻的认识。起初，在这方面的研究我并没有申请立项，但通过实践行动将其转化为实用课题，除了获得省市教科研成果奖外，后来进一步申报立项为省级教师教育课题。可以说，我在教师阅读方面的“专题研究”中取得了丰硕成果。

一、获得硕士学位

2016 年 5 月 20 日，我提交的题为《教师阅读文化构建的实践研究》硕士论文通过答辩，顺利地获得了教育硕士学位。在推动教师阅读的实践中，进一步提升了阅读方面的理论水平，同时把教育硕士学位拿下，对我来说也是一种额外的奖励。

在 2014 年 9 月进行选题论证的时候，我决定结合仁爱中学的实践，从教师阅读文化构建的角度去梳理如何有效推动教师阅读，得到了导师的支持。由于有了多年的实践基础，我从理论的角度对如何构建教师阅读文化进行了思考。在查阅大量的资料，并进行进一步的提炼和梳理后，2016 年的寒假，我顺利完成了硕士论文的初稿，并在导师的指导下进行了必要的修改，顺利通过了宁波大学相关部门安排的学术不端检索和盲审，并最终顺利通过了答辩。由于我一直在进行这方面的实践，因此，撰写这篇硕士论文对我来说没有形成太大的压力，一路走来非常轻松。

二、获得成果奖励

2014 年，我把 2013 年 9 月公开发表的《聚焦教师专业成长，有效推动教师阅读》一文用于申报宁波市第六届中小学教师培训专项成果，获得了三等奖。尽管只是三等奖，但也是当时全宁波市初中阶段学校唯一的获奖文章。这次获奖也说明，我在推动教师阅读方面的尝试，已经得到了教师培训部门的认可。

2016 年 3 月，我突然有个想法，决定从教师读书团队建设的角度对自己这么多年在推动教师阅读上的实践进行总结和提炼。于是，我从“一体两翼”这个角度对读书社的实践进行了总结。所谓“一体两翼”，就是一个实体的读书社，再借助“现代化”和“专业化”这两个手段。2016 年 4 月，我把写成的初稿提交给宁波市课题结题指导的专家时，得到了专家好评，并得到了他们中肯的建议。我根据专家建议，对课题报告进行了进一步的梳理，形成了《“一体两翼”式教师读书团队构建的实践研究》，并获得了宁波市 2015 年度教育科研成果二等奖。

2017 年 4 月，我从浙江省教科院的网站中得知将进行全省教育科研人员科研成果的评选。我决定从“教师立场”的角度来提炼推进学校和区域教师阅读的经验。2017 年暑假期间，我对自己近十年来推动教师阅读的做法进行了总结、提炼，形成了《基于“教师立场”推动教师阅读的实践研究》一文。2018 年 1 月，省教科院公布了评审结果，我的这项成果获得了二等奖。我发现，参与这次省级评选的成果，有不少本身就是获得市级等较高级别奖励的，像我这样的“草根”成果获奖并不容易，这也说明我在推动教师阅读方面的做法得到了某种程度的认可。

2018 年 5 月，我把“研之乐”读书会的做法，提炼为《基于“教科团队”推动区域教师阅读的实践》一文，参加了 2017 年度宁波市教育科研规划优秀成果评选，并获得二等奖。2018 年 12 月，这一做法获得了宁波市校园阅读案例推广一等奖，即十佳案例。

三、发表多篇文章

我一直用研究的态度来对待教师阅读的推动，尽管到2018年以前一直没正儿八经申报过课题，但这并不妨碍我对这个问题的思考。结合仁爱中学推动教师阅读的实践，我先后在《教师博览》上刊发了《让教师爱读书其实也不难》，在《中小学德育》上刊发了《推动教师阅读的行动研究》，在《德育报》上刊发了《让阅读成为教师的生命自觉》和《“一体两翼”式教师读书团队构建的实践研究》，在《中国教育报》上刊发了《教师读书从最忙碌的人开始》等多篇推动教师阅读的文章。这些文章的发表，进一步提升了仁爱中学推动教师阅读的影响力。

这些年，我也有意识地阅读了很多阅读学方面的著作和研究文章，并进一步引发自己对有效推动教师阅读的思考。比如原国家图书馆馆长詹福瑞的《青壮年时期：职业和工作需要》中关于阅读需求的观点，让我坚定了教师阅读以“专业为主”的取向。人大复印资料上转载的关于班主任阅读状况调查报告中提及专业阅读的缺乏，也让我进一步认识到现实中教师专业阅读的缺乏。为此，我特意撰写了《教师阅读应有“专业味”》一文，在《今日教育》上发表了，《教师阅读首先要基于“教育类”》一文，在《教师博览》上发表了，两篇文章发出自己作为一线教师阅读推广人的声音。

如何把“碎片化”知识“系统化”，这也是教师阅读应该关注的现实话题。我结合自身的实践，撰写的《打造随身资料库，让知识触手可及》一文，在《福建教育》上发表了。

此外，我还撰写了《让阅读为教育补钙》《阅读功利也可转化为动力》《推动教师阅读应有“教师立场”》《读书会能否推动教师阅读？非常有效!》《让教师多读书成为一桩好事》《让阅读成为更多教师的自觉追求——依托“三结合”读书会有效推动区域教师阅读》等关于教师阅读的文章，在多家刊物公开发表。

这些文章的撰写，让我对如何理性推动教师阅读有了更深刻的理解，这些文章的发表，也表明自己的做法得到了多方的肯定。

将教师阅读纳入自己的“专题研读”范畴，用研究的视角去看待教师阅读的推动，我不仅成功推动了一所学校和一个区域的教师阅读，自身也在这方面收获了各类成果。

“读写结合”——从“小白”到“达人”

原先我一点也不擅长写读书心得类的文章，所以，从 2006 年到 2008 年，我连续三年参加浙江省教师读书征文比赛，均名落孙山，一无所获，可以说是这一领域名副其实的“小白”。直到第四届比赛，才得了个优胜奖。作为仁爱中学教师读书社的社长，为引领教师把“读写结合”起来，我必须身体力行起好带头作用。

感谢《教育信息报》（2012 年后更名为《浙江教育报》）的电子互动平台——“教师话坊”，上面有获得浙江省教师读书征文比赛一等奖的文章的电子版。于是，我把获得一等奖的文章的电子版下载下来，并汇编成册，除自己用心研读外，还作为学习资料让读书社的成员共享。我还有意识地学习了《中国教育报·读书周刊》上刊发的书评文章。另外，《教育信息报》上刊发的浙江省教师读书征文比赛上相关评委的评点，比如读书心得贵在写出自己的体会，而不必像写论文一样列举出一、二、三，我也都认真阅读了。

对我来说，2010 年是我在写读书心得上打翻身仗的一年，这一年，我终于能写出像样的读书心得了。2010 年寒假期间，我读了《优秀教师的职场修炼手记》，借美国中学英文教师的视角对美国教育有了进一步的了解。于是趁热打铁，用心写了一篇题为《另眼看美国教改困境》的读书心得，于 2010 年 3 月在《教育信息报》上发表。这是我第一篇公开发表的读书心得。从 2008 年 4 月起，我正式踏上教育阅读之路，阅读了大量的教育著作。但从大量输入到有效输出，还是需要用时间来检验的，两年后，这篇公开发表的读书心得算是我正式产出的见证。

这篇读书心得的发表激发了我写好读书心得的信心。2010 年暑假期间，我又一次阅读了任勇的《追求卓越，为什么不?》，深受启发，写下了《做一个“心中有梦”的教师》，从“教师要舍得为自己投资”“让自己永远处在发展的状态中”“要打造自己的核心竞争力”这三个方面具体阐述了自己的阅读感悟。这篇文章，于 2010 年 11 月被刊发在《中国教师报》上。

2010 年 12 月，浙江省第五届教师读书征文比赛结果揭晓，我提交的《做快乐教师从增强职业认同开始》获得二等奖。

可以说，在 2010 年，随着自己阅读量的增加和对各类刊发的读书心得的研读，我自己写作读书心得的水平也上了一个台阶。之后，有不少作者或编辑向我约稿，这些约稿的作品陆续见诸《中国教育报》《现代教育报》《上海教育》《教师教育论坛》《基础教育课程》等刊物。

如四川省阆中市教科局原局长汤勇约我给他的《回归教育常识》一书写篇书评，我撰写了《回归常识的教育才是正道》一文，并在《中国教育报》上刊发，后在“大视野杯”浙江教育在线第三届“我的教育理想”读书征文比赛中获得一等奖。

当然，“读写结合”的好处不仅在于能写出好的读书心得，也在于深度思考能力的形成。因为长年的阅读，写作教育评论和教育随笔，自然更加顺手了。自 2010 年以来，我在《教育信息报》(《浙江教育报》) 和《中国教育报》发表了上百篇的教育随笔和教育评论文章。2018 年，我在浙江教育报刊总社的评论公众号“求智巷”上发表了 50 多篇评论文章。

近年来，我读的书日益多元化。2017 年 9 月，我在《中华读书报》上看到《五百年来王阳明》一书的介绍，作者是曾多次做客《百家讲坛》的郦波教授。王阳明原先对我而言只是个历史符号，读了此书后，他的形象在我的脑海中丰富、立体起来。我还写了篇《做“知行合一”的“良知”教师》，获得了浙江省第十二届教师读书征文比赛一等奖。2018 年 9 月，我在当当网上看到《百年明朝一鉴开：熊召政读史笔记》，就买来读了。读完之后，撰写了《“大明王朝”

三位浙江名人的教育启示》一文，文中大部分内容被《浙江教育报·教师周刊》选登。

2018 年寒假期间，《中国教育报·读书周刊》的编辑在群里向我约于永正老师著作的书评。当时，于永正老师去世不久，此前他还被评为当代教育名家。因此，写这样一位名家的书评并不容易。寒假期间，我又一次认真阅读了于永正老师的文集，写下了《做一个学生喜欢的成长型教师》。后来，这篇文章在《中国教育报》上刊登的时候，就用了这个题目。

2018 年上半年，镇海区的很多老师都读了沈丽新的《让学生看见你的爱》一书。我觉得这本书的定位很好，教师的爱就应该让学生看得到。我认真读了这本书，觉得沈丽新将自己定位成儿童成长的陪伴者，很有新意，于是，我就把《做专业的儿童成长陪伴者》作为读书心得的标题。后来，在听沈丽新老师的讲座时，她明确提到自己的角色定位就是儿童成长的陪伴者。我写的这篇读书心得也得到了沈丽新老师的肯定，经她推荐在《当代教育家》杂志刊发。

2018 年和 2019 年，我发起的“啃读挑战”活动吸引了全区很多教师的参与，作为活动的发起者，我也和大家一起“同甘共苦”，努力扮演好“读写结合”领跑者的角色。

在宣讲教师阅读中打磨自我

读《五百年来王阳明》一书时，王阳明的一个观点，令我印象深刻。王阳明认为，要锻造一个人，讲学是一件很重要的事，需要理性的思维能力，经过理性思维总结之后，要有感性的传播方式，要让学生听得懂、听得进、愿意听。

这些年，我经常应邀开展有关教师阅读方面的讲座，听课对象有幼儿园教师、小学教师、中学教师，有普通教师，也有校长，甚至有教育行政部门的领导。针对不同的受众，讲座的重点是不同的。因此，每做一次讲座，对自己来讲不亚于是一次挑战。因为现在教师大都听过很多名家的讲座，如果讲座的质量不高，听众是会用脚投票的。而且现在人手一部手机，大家都把注意力用在手机上了，对做讲座者而言是挺尴尬的。

在仁爱中学时，经常有各类校长培训班来学校举办。由于推动教师阅读已经成为仁爱中学促进教师专业发展的一大亮点，学校经常会安排我来介绍关于推动教师阅读的做法。

说实话，教师面对学生讲话和面对同行讲话是不一样的。有些教师在学生面前能够讲得神采飞扬，但在其他场合，常常会有手足无措的感觉。就我本人而言，第一次在校外同行面前正式公开宣讲自己的观点，是在 2010 年 11 月镇海区教科室主任培训班的教科研经验交流会上。当时我讲了自己做好教科研工作的三个特色，事后不少同行评价都比较高。

自己读有所获，推动教师阅读的实践也获得了成功，但如何把它讲好，让人家乐意听且能听进去，就是另一回事了。

2012 年 12 月，我被浙江教育报刊总社聘为“名师成长”导师库德育类首批导师。对于我来说，这既是一种荣誉，更是一种压力。同时，被浙江教育报刊总社聘为导师，也就意味着要给全省性的培训班做讲座。2013 年 10 月，挑战来了，浙江教育报刊总社的工作人员通知我，让我去浙江省委党校给浙江教育报刊总社举办的“中小学德育创新与智慧型班主任专业成长”研修班做一次阅读方面的讲座。由于受众是班主任，培训班又有这么高大上的名称，这让我有点焦虑。后来，我想了个“牵手阅读让班主任更智慧”的讲座标题，并有意识地增加了班主任专业阅读方面的内容。由于精心准备，这次讲座很成功。此后，浙江教育报刊总社举办的培训班中，如果安排有关教师阅读方面的内容，一般都会请我去做讲座。这次讲座的成功，对我而言最大的意义就是面对各类讲座，不再怯场了。

2015 年 4 月，应北京市海淀区教科院杜卫斌博士的邀请，我到北京实验学校给海淀区教科室负责人和科研种子教师做了场“如何有效推动教师阅读”的讲座，现场受众近 400 人。说实话，海淀区名校林立，北大、清华、人大的附属中学校，以及北京市十一学校等基础教育的名校都在海淀区，而且海淀区关于推动教师阅读的经验曾被《中国教育报》主题报道过。我事先做了精心的准备，也练出了不怯场的基本功，尽管台下坐着海淀区教科院院长吴颖慧等专家，但我也只能豁出去了，感觉自己讲得还挺神采飞扬的。这次讲座也算是很成功了，因为当场就有学校提出希望以后能到他们的学校去做讲座。此后不久，我就应邀到海淀区的一所小学给全校教师做了阅读方面的讲座。

2015 年 4 月，我去了趟台州市三门县。该县教师进修学校的相关领导打电话到仁爱中学找到我，希望我能给他们讲讲如何推动教师阅读。我到了三门县之后，才知道培训对象是全县中小学的校级领导以及县教育局的班子成员。本次讲座是该县学校校级领导班子素养提升培训的一个重要组成部分，当天上午安排了北京师范大学的裴娣娜教授讲座，下午安排我来讲如何推动教师阅读。这次讲座让我充分感受到了全民阅读时代教育行政部门对教师阅读的重视。

2017 年 4 月，我收到一条短信，想邀请我去给东西湖区的名师后备人才培训班讲教师阅读和教育畅销书写作方面的内容。起初，我以为是杭州的西湖区，仔细一看才知道是武汉的东西湖区。由于讲座时间安排在双休日，不影响日常工作，我就答应了下来。后来，培训班的负责人说，我的手机号码是她通过宁波的同学问来的。由于我有出版过 3 本书的经验，对教育出版也有较深入的了解，因此本次讲座也很成功。

2018 年 7 月，镇海区语文教研员安排我给全区的初中语文高级教师做一次阅读方面的讲座。说实话，给语文高级教师讲阅读，这的确是很有压力的。我精心准备了一下，以《教师阅读与二次成长》为题完成了任务，并得到了好评。这样，也让我从二次成长的角度去思考阅读对教师可持续发展的意义。

即便是同题讲座，我也绝不会一个课件讲到底，而是在每次讲座前重新梳理一下课件，根据受众不同的特点，突出重点，采用更合适的事例。比如在推荐书目时，我会及时把最新出版的一些教育类的书增加进去。

我的讲座以教师阅读为核心，延伸到教师写作、教师教科研、教师专业成长等方面，因为自己一直关注着教师阅读方面的理论和实践，因此，通过做讲座，我也不断提升了水平。在讲座中，我也完善了一些模块化的内容，可以随时根据不同的主题和受众，调取不同的内容。

正如王阳明所言，讲学很锻炼人。在做讲座的过程中，我的临场应变能力也不断得到提高。对我而言，在讲座中历练的能力，又能让我从容且不失幽默地主持好各类读书分享会。总之，通过各类讲座的打磨，令自己的综合素养得到了有效的提升。

在陪伴中让孩子爱上阅读

近年来，语文教学改革对中小学生的阅读提出了更高的要求，加大孩子阅读量的呼声也越来越高了。在我身体力行的影响下，刚上三年级的孩子成了一名不折不扣的“爱读者”，阅读已经成了她的一种生活方式。

“亲子共读”是一种陪伴孩子成长的最好方式，同时，“亲子共读”在孩子的成长过程中，可以采取不同的方式。孩子小的时候，父亲可以给孩子读书，接下来父母可以和孩子共读一本书，也可以各看各的书。

在孩子上幼儿园到小学一年级的时候，我在“亲子共读”上花了大量的时间。

2014 年春节后，在出版社工作的大学同学，给我寄了套“青蛙弗洛格的成长故事”系列绘本，作为送给我女儿的新春礼物。这套绘本共有 12 本，每一本的篇幅都很长。以往我给孩子买的都是故事情节较简单的图画书，那么，情节这么丰富、容量这么大的绘本，对于还在读小班的女儿来说，能有听下去的耐心吗？

抱着试试看的心态，我把这套系列绘本拿给了女儿，问她喜不喜欢。她把这些书翻了翻，脸上露出喜悦的神情，于是我就跟她说：“爸爸给你讲这些故事，好不好？”她挑出了其中的一本，我就给她讲了起来。令我意想不到的是，8 分钟左右的故事，她居然听得津津有味。讲完之后，她让我再给她讲一本。没想到，第一次我就一口气给她讲了 4 本。我知道，幼儿阅读兴趣的培养对孩子养成良好的阅读习惯是非常重要的。基于这么一个好的契机，我自然要趁热打铁了。

从那以后，我给她读故事就变成了一种习惯。

这样，每天晚上，就有了我和女儿一起阅读“青蛙弗洛格的成长故事”系列绘本的固定时间。几次讲下来之后，她已经能说出这12本书的书名了。尽管这些故事都已经讲了好几遍，但她还是听得有滋有味。另外，我还发现了一个细节，她认字的积极性也越来越高了。她很喜欢看碟片上有关识字的内容，并主动提出来要买识字卡片，有空的时候把这些卡片拿出来认认。我在给她讲故事的时候，也有意识地让她认书上的字，并鼓励她认识更多的字，这样她自己就可以看得懂故事了。

2014年暑假的一天，我无意中发现她居然给她的外公讲“青蛙弗洛格的成长故事”系列绘本中的《找到一个好朋友》，讲完以后还要问外公三个问题。这件事确实让我感到惊喜。其实，书中的很多字她都不认识的，但她基本上能讲下来，说明她是凭着自己的记忆背出来的。于是，我又试着让她讲了一下，并录了音。8分钟左右的故事，她居然能讲下来，而且页码一个都不差，这简直是个奇迹呀。

于是，我们就鼓励她到班级里去讲这个故事，她很有自信。后来，她在班级里讲了这个故事，并得到了老师和同学们的好评。

《中国教育报》记者张贵勇在《真正的陪伴》一书中，把“亲子共读”放在真正陪伴的第一位。孩子的成长需要父母高质量的陪伴，而“亲子共读”就是最好的陪伴。微信朋友圈里曾热传的《爸爸，你再不陪我我就长大了》一文，确实发人深省。孩子的健康快乐成长，需要父母的陪伴。高质量的陪伴，其实就是父母给予孩子最好的礼物。在与孩子共读的过程中，我可以和孩子一起讨论故事中的人物，也可以把一些道理告诉孩子，让孩子在潜移默化中受到教育。

我也曾读过新阅读研究所朱寅年先生的大作《读书，多么好的一件事》。在这本书中，有好几篇文章谈及幼儿阅读。他认为：“给孩子读书的时间越长，孩子自主阅读阶段就来得越早。同时，幼儿通过‘亲子共读’阅读大量儿童绘本（很多是反复阅读），识字问题自然会在沉浸故事情节的潜移默化中解决掉。”尽管“亲子共读”很重要，但在现实生活中能真正长期坚持下来的父母并不多。

朱寅年先生在书中也提到，即便是城里有知识的年轻父母，能长期坚持陪孩子阅读的也不多，农村父母能做到的就更少了。

在“亲子共读”中，为孩子从小就播下阅读的种子，并形成阅读的习惯，这会让孩子终身受益。做父母的，一定要舍得花时间和孩子一起共读。

至于孩子阅读书目的选择，我觉得一开始不要给孩子确定书目，不要规定哪些书孩子必须读。有些自己认为好的，可以以商量的口吻对孩子说。从幼儿园大班开始，我女儿就迷上了各类公主的彩绘本。她去逛书店，主要是买各种“公主书”。这样，不到两年的时间里，我们先后买了100多本各类的“公主书”。在给孩子阅读的时候，我自己倒也弥补了幼儿时代的一些遗憾。正如朱寅年先生所说，我们没有刻意教孩子认字，但孩子在听故事和自己翻书的过程中不知不觉认识了很多字。

在女儿上一年级的教师节那天，宁波书城举行一个朗读者活动，我刚好带她参加了，就鼓励她也去读一本书。结果，她就拿着《爱丽儿的故事》开读了。其实，这本书上的很多字她并不认识，但是听多了，她居然能流利地读下来。

给孩子每天读书半小时以上，这样的习惯，我一直坚持到孩子上二年级上学期。那之后，她觉得自己可以看书了。

我们没有给孩子报任何补习班，因此我女儿有相对多的时间可以自由阅读。有时，我也有意识地通过她读过的书跟她交流，比如她看过全套的《胡小闹日记》，里面有《不上补习班的第一名》《爸妈不是我用人》《学习是我的工作》等书。这样，可以让她自己来谈谈应该注意些什么，比起父母苦口婆心的讲道理要有效得多。

现在有这么一个观点很流行，教师应该把自己的孩子当成自己最重要的学生来培养。从这个意义上来说，教师让自己的孩子爱上阅读，是非常重要的。

在陪伴中让孩子爱上了阅读，这件事，我应该做对了。

阅读雷夫价值何在?

2019年1月，《在与众不同的教室里——8位美国当代名师的精神档案》一书的修订版出版后，我第一时间阅读了。这本书的第一版是2007年出版的，以前我也曾经读过。与第一版一样，雷夫还是排在第一位，并稍微增加了点儿内容。与第一版把“雷夫”译成“莱福”所不同的是，这次是用了大家都熟悉的“雷夫”了。

雷夫可以说是目前在中国最具影响力的美国小学教师。他的著作《第56号教室的奇迹》在中国持续热销；他来中国讲学，也很受中国同行的追捧。

2012年，雷夫首次访华，国内的各大媒体都给予了高度评价。2012年“源创图书”出版的《第56号教室的故事——雷夫老师中国讲演录》一书中，收录了很多权威媒体对雷夫的报道。《中国青年报》《中国教育报》《中国教师报》《人民教育》《中小学管理》《上海教育》等，都对雷夫进行过大篇幅的报道。从国内这些主流媒体对雷夫的报道来看，雷夫是个非常棒的“洋老师”。

但是，在2014年下半年，雷夫老师在中国出现了信任危机。当时，关于“美国没有第56号教室的奇迹”的消息刷遍朋友圈。那么，高大的雷夫形象为何会出现信任危机呢？这主要源于《齐鲁晚报》整版刊发的报道《洋教师雷夫火在中国冷在美国——第56号教室没有奇迹》。

说起这篇报道，王一菲（化名）是个核心人物，她在中国经营着一家国际教育交流中介公司，曾专门坐飞机到西安去听雷夫的讲座。雷夫的讲座让她很震惊，后来她又专程去济南听了雷夫的讲座。或许，正是雷夫在中国的“火”，吊足了王一菲的胃口，她萌发了想和雷夫进行深度合作的念头。

于是，王一菲跨越太平洋来到洛杉矶，去拜访自己心目中的“神”——雷夫老师，并希望能和雷夫老师达成这样的合作：组织中国的孩子赴美国实地参观、体验雷夫的教学。那时候，国内已经有不少的中小学生游学团去美国游学了，这的确是桩好生意。

但令王一菲很受伤的是，雷夫拒绝了她的提议，另外，还提醒她不能拍学生、教室和学校的照片。兴冲冲而去的王一菲，只是大略地参观了学校，从她踏入霍巴特小学到离开，前后总共不到 10 分钟时间。

失落的王一菲在回宾馆的路上，问周围的美国人知不知道雷夫老师，但是被问到的美国人都表示不知道。

有了王一菲这次特别的访问，再加上一些其他方面的素材，一篇《洋教师雷夫火在中国冷在美国——第 56 号教室没有奇迹》的报道就出炉了。

看到微信上关于雷夫的刷屏消息，我感到有些疑惑，也找到了在《齐鲁晚报》上的原始报道，并询问了曾在《中国教师报》供职的李茂。据他介绍，他当时看到雷夫的事迹，觉得在美国也有中国一样的“老黄牛”式的教师，真的很伟大，就翻译过来刊登在《中国教师报》上，介绍给中国同行学习，且那时的报道压根儿就没有什么商业目的。

李茂编译过《在与众不同的教室里——8 位当代美国名师的精神档案》，这本书是 2007 年出版的，距雷夫首次访华有 5 年的时间。可见，当时对雷夫的评价应该是比较客观的。

客观地说，我读过雷夫的不少书，也读过我国基础教育知名专家王晓春写的《第 56 号教室的玄机——解读雷夫老师的教育艺术》。我觉得雷夫身上有一点是非常值得钦佩的，那就是他非常喜欢他的职业，也就是说，他非常认同自己小学教师的身份，其实，这一点就是教师的职业认同。雷夫在第 56 号教室已经坚守了 30 多年。

尽管对雷夫有过争议，但新阅读研究所 2016 年 9 月发布的《中小学教师基础阅读书目》中，还是把雷夫的《第 56 号教室的奇迹》纳入了中小学教师的 30

本基础阅读书目中，并且是放在职业认同类的。可以说，雷夫的职业认同精神值得我们学习。

后来，我在方帆著的《给学生无限可能——细说美国教育》一书中看到了一篇题为《美国教师怎么看雷夫·艾斯奎斯》的文章。作为一所美国公立学校有着近30年教龄的华人教师，作者对中国国内关于雷夫的评价也非常关注。他觉得很奇怪，同在加州教书，居然从来没听说过雷夫这个人。他曾趁着午餐的时间，随机问了二十几位学校的同事，他们中有年纪大的教师也有年轻的教师，可是竟然也没有一个人听说过雷夫·艾斯奎斯。如果仅仅到这里，这样的调查更加坐实了雷夫“徒有虚名”。

后来，方帆问了一个年届六十、曾经当过二十几年小学老师的教师工会副会长，从她那里得到了关于雷夫的客观评价。这位工会副会长强调，雷夫是一个极为出色的教师，他的教学方法和理念，以及他的课堂管理方式，都值得学习。但雷夫的学生要比其他公办学校的学生每天在校时间多5—6个小时，相当于私立贵族学校的学生才能享受的待遇。雷夫自己愿意加班加点，但从工会的角度而言是个坏榜样，因为不能要求其他教师也这么做。另外，雷夫自身毕业于名校，可以开设很多门课程，但其他的教师未必有这种才能。从这样的角度来分析，雷夫的成功的确无法复制。可以说，雷夫的成功是靠自己的才华加汗水换来的，没有人能够轻易模仿他。我国的一些模范教师，会得到政府部门的大力宣传，因此有很多在较大范围内具有影响力的教师。而雷夫的做法，让美国教师工会非常尴尬，这样的“模范教师”，自然不会被大力宣传了。因此，雷夫在当地寂寂无闻再正常不过了。但雷夫在当地的不为人知，并不能说明第56号教室没有奇迹。

雷夫还是那个雷夫，他身上有值得我们学习的地方，我们既不需要过分神化他，也不要贬低他。

阅读雷夫的主要价值就在于他的职业认同精神，对教师职业始终保有热情。他用多年的坚持谱写了神话，并让第56号教室结出了硕果。

民国小学教师待遇高其实是误读

近年来，有关民国时期小学教师待遇好的说法经常在网上出现，很多微信公众号也进行了推送。最常见的说法就是民国时期小学教师月收入是县长的两倍，比如“国小教师每月收入 40 元，县长 20 元”。在这个收入的“鄙视链”中，还拿警察来做对比，但引用的警察收入数据却很率性，有 2 元、4 元、8 元好几种说法。

这几年，我读了不少有关民国时期教育的书，却越来越觉得这个说法不怎么靠谱。记得前几年，我读到叶圣陶先生的一篇文章，叶圣陶先生在这篇写于 1922 年的文章中，大力呼吁中师生毕业后当小学教师。他还特别提道：“我希望师范学校章程中，多加一条说明，凡来入学，毕业后必须当小学教师。”试想，如果小学教师的待遇好、地位高，还需要大力呼吁中师生毕业后去当小学教师吗？

2018 年，宁波市教育局把叶圣陶先生的《如果我当教师》作为全市教师的共读书。镇海区“研之乐”读书会把这本书作为 2018 年“啃读挑战”活动的第 3 本共读书，并在全区开展了“品读名家教育经典，争做新时代好教师”的主题征文比赛。当时，“研之乐”读书会还与宁波大学园区图书馆联合开展了《如果我当教师》一书的分享会。在分享会上，我做了《从叶圣陶先生朋友圈谈民国教师那些事儿》的主题分享。事前，为了做好这个主题分享，我查阅了大量的资料，也对民国时期小学教师的待遇、地位有了更深入的了解。

从我查阅的大量文献资料对民国时期教师的收入进行了考证，从不同角度来认识民国时期教师的地位，得出了这样的结论：民国时期的中小学教师，尤其是小学教师的地位和收入，真的没像有些人吹捧得那么好。

客观地说，与当时一般的工薪阶层相比，民国时期小学教师收入不算差。但是，有一点我们不能忽视，民国时期能当小学教师的，都算是文化人。据统计，到1949年，文盲占全国人口的80%，在农村地区达到95%。可见，受过一定程度的教育，能当上小学教师，绝对算是知识分子了。

叶圣陶先生1912年中学毕业后当小学教师，月收入是20元。而同年鲁迅先生到教育部任职，足额薪俸是每月220元，后来一直加薪，到1925年达到360元。1923年叶圣陶先生到商务印书馆工作，月收入是200元，此外还有编辑费和稿费。

可见，两个同等文化程度的人或是同一个人，选择从事其他文化职业要比当小学教师在待遇上强得多。

南京国民政府于1928年颁布了《小学教员薪水制度之原则》，没有规定小学教师薪水发放数目，只有一些原则性条文，比如规定最低工资标准："以两倍衣、食、住（以舒适为度）三事之所费，为最低限度薪水。以江苏省某县为例，膳食费10元、房屋费6元、衣服费2元，合计18元，两倍即36元。"这是国家规定的名义上的工资，具体由县级财政负担。在上海、北京这样的大城市，小学教师的工资水平基本上能达到国家规定的标准，但广大农村地区小学教师的工资水平就难以达到这个标准了。

20世纪30年代，曾经有人以问卷调查的方式，对江苏、浙江、安徽、山东、河南、四川等省小学教师的薪水进行过调查，结果显示，绝大多数小学教师的工资没有达到国民政府1928年规定的最低标准。

1931年国际联盟教育考察团经过调查，也反映出小学教师收入太低的情况。他们的调查结果显示："中国乡村初等小学教师，有时固有得华币三十元到四十元者，但一般而论，每月皆仅得华币十元至十五元。薪水较高者，实为非常之例外。城市初等小学教师，通常每月可得华币二十元到三十元，罕有超过此数者。"

其实，民国时期"国小教师每月收入40元"，在上海等经济发达的大城市是否能做到，也是不一定的。而且，在上海这样的大城市里，生活成本要比其他地方高很多。

20 世纪 30 年代还有一个统计，就是大学教师平均月收入 220 元，中学教师为 120 元，小学教师为 30 元，另外，有人说小学教师月收入最高不超过 60 元。可见，当时小学教师收入跟中学教师差距很大，跟大学教师差距更大。

此外，民国时期小学教师还是个泥饭碗，很多地方是一年一聘，有些地方甚至是一学期一聘，每到学期末，教师们就要为接下来的生计犯愁。

说起民国时期警察的待遇，江苏警察学院的一位教授专门写过《民国时期警察工资待遇考论》。这篇文章中提到：民国时期的警察分为警察官和长警两种，前者相当于公务员。当时县有等级之分，根据 1934 年的规定，警察局长月薪一等县为 140 元到 200 元，二等县为 100 元到 130 元，三等县为 75 元到 90 元。

县警察局局长以下人员，包括办事员，只要纳入公务员系列，最低工资就是每月 55 元。而长警不属于公务员，是编外人员，其薪酬待遇各地是不相同的，一般要求不得低于每月 10 元。

也就是说，在民国时期，即便是三等县的警察局局长，最低工资每月都有 75 元，甚至是办事员每月都有 55 元，县长月薪 20 元岂不是无稽之谈？根据湖南省《会同县志》保存的一份县级公务员工资表，上面显示最高级别县长工资是每月 380 元。

说起小学教师当时的地位，发生在钱穆先生身上的一件小事就很能说明问题。钱穆先生曾向当时全国四大副刊之一的上海《时事新报》副刊《学灯》投稿，头两篇都是首篇刊出，但第三篇投稿时对方得知了他的小学教师身份，就变成在角落里刊发了。在这件事上，钱穆先生切实感受到乡村小学教师在学界的卑微处境。

可见，民国时期小学教师待遇好真的是误读。

2018 年 9 月，习近平总书记在全国教育大会上发表重要讲话，指出要让广大教师享有应有的社会声望。教师社会声望既要靠党和政府来创造良好条件，同时也得靠自身努力。客观地说，与民国时期相比，今天的中小学教师地位要高得多。小学教师和幼儿园教师可以参评正高级职称，享受和大学教授同等的待遇，这在民国时期是不可想象的。相关规定也确立了公办中小学教师作为国家公职人员特殊的法律地位。习近平总书记明确指出，随着办学条件地不断改善，教育投入要更多地向教师倾斜，不断提高教师待遇，让广大教师安心从教、热心从教。

在高等教育已经大众化的今天，中小学教师已经算不上是知识精英了，这一点确实不能跟民国时期的情况相比。很多家长的文化程度并不亚于教师，并且随着知识来源渠道的多元化趋势，教师作为知识权威的地位已不复存在。因此，教师除了要继续做好知识传授者的工作，更要成为学生成长路上的引路人，切实提高立德树人的水平。如此，才能为自己赢得应有的尊重，才能对得起国家和社会寄予教师的厚望。

春晖寻踪：成就教师自己的生命传奇

春晖中学是我国的历史文化名校，20 世纪 20 年代曾吸引了朱自清、夏丏尊、丰子恺、朱光潜等名家任教，成就了我国基础教育史上的一段佳话，并赢得“北有南开、南有春晖”的美誉。2014 年，《中国教育报·校长周刊》推出“百年名校与历史传承”系列报道，介绍的第一所学校就是春晖中学。

2018 年 12 月，一个湿冷的季节里，我又一次走进了春晖中学，走近了白马湖。昔日住在白马湖畔的夏丏尊先生曾写下散文名篇《白马湖之冬》，再访春晖中学前，我温习了此文，站立在白马湖畔时，便对文章的神韵有了切身体会。

四年前，我曾应王国芳老师邀请，到春晖中学与白马湖读书会的教师交流过读书的话题。王国芳老师陪我逛了春晖的校园，参观了校史室、李叔同先生居住过的晚晴山房、丰子恺的小杨柳屋、朱自清故居和夏丏尊的平屋。

记得 2014 年《人民教育》杂志在纪念第三十个教师节专辑中有一篇题为《教师为什么要有专业生活——白马湖教师群启示录》的文章。这篇文章主要讲述了春晖中学的夏丏尊、丰子恺、朱自清住在白马湖畔的日子。当时，这三个人是邻居，他们经常聚在一起，开展今天所说的教研活动。这篇文章令我对春晖中学有了更多的向往。当自己站在这些大师昔日曾经住过的房子前，回想起文章中所描述的情形，有一种近距离观摩他们、与他们进行“专业交流”的感觉。

此后，我又读了不少有关春晖中学以及春晖名师的文章，了解了更多感人的故事，比如夏丏尊、朱自清、叶圣陶这三位大师之间的友情“铁三角”。为此，我希望自己能再次走进春晖中学，再一次去感悟那些教育大师的魅力。

当我们在区里提出“春晖中学访学”计划时，得到了很多教师的积极响应。于是，就有了我的第二次春晖之行。这次，我带着镇海区“研之乐”教科研骨干读书会30多名教师一起来春晖中学寻找教育大师的足迹。此前，我们开展过“品读名家教育经典，争做新时代好教师”的主题读书活动，这次访学活动可以看作是这个主题读书活动的实践版。我们事先建立了微信群，上传了一些关于春晖中学的文章，并要求每位教师在访学后写1000字以上的心得。从大家上交的心得文章来看，这是一次收获满满的精神成长之旅。

尽管那些名家早期在春晖中学待的时间大多不长，而且除夏丏尊稍年长一点儿外，大多还不到30岁。但在志同道合的同行砥砺下，他们在春晖中学做出了不少成果。比如朱光潜写出了第一篇美学论文《无言之美》，朱自清写下了颇具影响力的教育学论文《教育的信仰》，丰子恺除公开发表了第一幅漫画作品《人散后，一钩新月天如水》外，还写下了不少艺术教育论文在《春晖》半月刊上发表……这不就是对现在所倡导的“专业阅读、专业写作、专业交往”的专业发展模式最好的阐述吗？

大师，是靠写出来的。我在《大师的教书生活》一书中读到过有关朱自清的内容，说朱自清刚开始教书的时候，满口的扬州官话，并不怎么受学生欢迎。但他在任教期间，不但坚持文学创作，而且写教育教学方面的文章，从而得到了学生的敬仰。

朱永新教授认为教师职业大致有四重境界，分别是让学生瞧得起的老师、让自己心安的老师、让学校骄傲的老师、让历史铭记的老师。而春晖中学的那些名师，大多达到了第四重境界。

今天在不少人看来，春晖中学曾经的辉煌，主要是依靠有一位知名的校长经亨颐以及他强大的朋友圈，吸引了一大批知名教师前来任教，无数“大家”前来讲学。后来，随着经亨颐校长的离职，这些人也各奔东西了。

尽管这些名师在春晖中学任教的时间不长，却成为春晖办学史上最光辉灿烂的一笔。

这次，我们到春晖中学访学时，春晖中学刚好举行了一百一十周年校庆。今天的春晖中学正走向适合自己的创新发展之路，而春晖中学早年的文化历史，也会激励今天的春晖师生奋发有为。

作为一名教师，能在自己所供职的学校留下什么样的痕迹，能在自己的学生中留下什么样的形象，很值得自己思考。

离开春晖中学，我突然冒出了这样的想法：尽管我们与那些教育大师相距甚远，但是我们作为教育追梦人，也应该用自己的真情和智慧，在一所学校甚至一个区域的教育发展史上留下那么一点痕迹。

朱永新教授曾经在新教育实验的研讨会上做过《书写教师的生命传奇》的主题报告。他指出，每个人在自己的成长过程中，总需要为自己寻找生命的原型和人生的榜样，从他们身上汲取前行的力量。一个教师“知行合一”的过程，就是从阅读他人传记到书写自身传奇的过程。

此次到春晖中学寻踪，就是要以教育大师为榜样，进一步修正自己的努力方向，走可持续发展之路。

教师的教育写作不可避免具有一定的功利性，但同时也具有超功利性。如果一个教师真正形成了教育写作的习惯，在躬耕教育实践的基础上，把阅读、思考和写作结合起来，也就真正走在了书写自己生命传奇的路上。

你想成为学生什么样的重要他人?

认真阅读了《师资建设》2014 年第 5 期的《在坚守中发展》一文，很有感触。该文作者曾维慧现在是知名的校园作家，具有较大的社会影响力。她曾长期坚守在偏远的农村学校，但从来没有放弃过在校园创作方面的追求。文中她提到，她的成功，除了自己努力外，还一直得到了一位贵人的支持和鼓励，这位贵人就是她昔日读师范时文学社的指导老师、现在《师资建设》的执行主编黄明超先生。原先我只知道黄明超先生是个热心的好编辑，通过阅读此文才知道，他还是一个被学生真心赞美并视为心目中终身教师的好老师。

对每个人而言，在学生时代能碰到一位好老师是非常幸运的。毫无疑问，曾维慧是幸运的。但是著名作家毕淑敏就没那么幸运了。最近一段时间，毕淑敏的《谁是你的重要他人》一文在微信里广为传播。这篇文章虽是旧文，但借助微信这个新媒体，再一次引发了广泛关注。毕淑敏的悲剧，对于教师而言，或许只是日常工作中一次不太在意的小“过失”，但是对学生的精神却造成了长期的“折磨”。

在毕淑敏 12 岁的时候，班级要参加学校的红五月歌咏比赛。最初的时候，她因为唱歌跑调被音乐老师请出了合唱队，后来，又被音乐老师请了回来。她原本想借此机会好好练练，不给班级丢脸，结果那位美丽的长辫子音乐老师却让她只张嘴，绝不可以发出任何声音。而且，这位老师生怕她不能很好地领会，还伸出细长的食指，笔直地挡在她的嘴唇间。这样，毕淑敏只好成了一个不发出声音的“木头人”。其间，这位老师还有很多讽刺毕淑敏的言行。尽管她们的班级在这次比赛中获得了好名次，但是毕淑敏却从此落下了不能唱歌的毛病。

在以后十几年的岁月中，长辫子老师竖起的食指，如同一道符咒，锁住了毕淑敏的咽喉。更为严重的是，凡是需要用嗓子的时候，她心里就忐忑不安，本能的逃避退缩。她不但再也没有唱过歌，就连当众演讲和出席会议时的必要发言，也是能躲则躲。别人很不理解她这样的行为，只有她自己才知道，是内心深处不可言说的恐惧和哀痛在作祟。

可以说，长辫子老师在毕淑敏童年时期的这次讽刺和羞辱，在很长一段时间内，成为毕淑敏挥之不去的梦魇。直到多年后，毕淑敏认识到长辫子老师以“重要他人”的身份造成了自己长期的困扰后，再以成年人的眼光重新审视这件事，才终于让自己从这个魔咒中解脱了出来，从此她不但可以顺利唱歌了，在公开场合讲话时也不再胆战心惊了。

毕淑敏在童年时期遭遇的这个悲剧，值得我们每一位教师警醒。在教师眼里一件不经意的小事，在学生眼里可能是天大的事。因此，教师在学生面前讲的每一句话，在学生面前的神情举止，要慎之又慎，以避免造成“毕淑敏式”的悲剧。

一个人被他人视为重要他人，说明了自己在他人心目中的重要性。重要他人是心理学和社会学都非常关注的一个重要概念。重要他人，主要指个体社会化以及心理和人格形成过程中，对其起过重要影响甚至是决定性作用的人物。对于具体的个体而言，自己的重要他人往往是各不相同的，但有些人由于自己扮演的社会角色很容易成为其他人的重要他人。一般而言，重要他人可能是父母长辈、兄弟姐妹，也可能是老师、同学，可能是朋友，也可能是萍水相逢的路人或素不相识的人。

在写这篇文章时，刚好读到《中小学德育》2014 年第 5 期上的《学生的健康成长离不开核心价值观的引领》一文。这篇文章中提到，教师毫无疑问是学生心目中的重要他人，因为教师是引领学生健康成长的精神导师，是引导学生健康成长的人格榜样，是引导学生健康成长的道德楷模。

那么，教师要成为学生心目中的何种重要他人，是被学生终身念叨的贵人？

还是被学生终身唾弃的梦魇制造者，这就考量着教师的修为。当然，让教师成为每一位学生的贵人，则显得有些苛求。但是教师应该有底线，不要成为学生成长道路上长期痛苦的制造者。

前不久，我听了浙江大学教育学博导、浙江省师干训中心常务副主任刘力教授所做的《优秀教师的专业发展和实践智慧》的学术报告。讲座开始前，刘力教授播放了“老师的启示”的课件演示，主要讲述的是美国小学五年级教师汤普逊老师和学生泰迪的故事。这是我第三次看这个课件演示了，但是每看一次都会受到心灵的震撼。当汤普逊老师了解到泰迪家发生的不幸给其造成巨大的心灵打击后，她给了处在自暴自弃和毫无追求状态中的学生泰迪以信任和母亲般的关爱，并产生了巨大的力量，让在旁人看来已不可救药的泰迪成为优秀的学生。多年以后，小学五年级教师的汤普逊老师，在已经成为博士的泰迪眼里，依然是一辈子见过的最棒的老师。而在汤普逊老师的眼里，正是泰迪让她学会了教育，让她实现了从教知识到教儿童的转变。按照我们的说法，汤普逊老师是真正做到了育人为本、德育为先，从而实现了教书育人的目标。可以说，汤普逊老师和泰迪是师生之间的相互成全，汤普逊老师从泰迪身上悟到了教育的真谛。

作为教师，能否有信心让学生认为自己是他们见过的最棒的老师。有些教师老是拿以前的学生和现在的学生做对比，说学生一代不如一代，现在的学生越来越难教。客观地说，生活在新媒体环境中的学生，面临着诸多的诱惑。现实中的学习，自然不如这些电子产品诱惑吸引力大。而且，现在的学生依靠学习来改变命运的愿望小了很多，他们往往处于被动学习的状态。这样，学生自然就缺乏学习动机和学习毅力。而且，现在学生的见识和观念与以往的学生相比，有了很大的不同，他们也不再视教师为唯一的知识来源，这些都给教师的工作带来新挑战。

教师需要坦然接受来自学生的挑战，积极调整好自我，积极应对。教师也应该学会换位思考，让学生感觉到自己是好老师，这对教师自身的素养提出了更高的要求。

2013 年《人民教育》第 24 期以《2013，重建师生关系》为题，对 2013 年师生关系中存在的困境进行了述评。的确，2013 年，全国范围内发生了多起师生间的恶性事件，这让原本最淳朴的师生关系蒙上了阴影。

学生和教师原本应是相互成全的，教师要让自己的职业生命更有意义，就必须重新认识师生关系。尤其在当下互联网时代，教师的知识权威地位早已不复存在。教育技术让学习无处不在，教师何以有存在的价值？汤普逊老师用自己的真情和智慧，成为让学生记忆一辈子的好老师，成为学生的贵人。教师如果能让自己成为学生心目中贵人般的重要他人的话，一切问题就都迎刃而解了。

教师要想成为学生心目中贵人般的重要他人，就需要切实加强自身的修炼。《中国教育报》近期刊发的《教师不是考出来的而是养成的》一文指出，获得教师资格，获得教师编制，往往是考出来的，但要真正成为一个好教师，则是靠养成的。

教师是养成的，尤其是在专业信念、专业精神方面。这既要有教育行政部门、教师培训部门的外铄养成体系的推动，更需要内在的自动自发的自我养成修炼。正如吴非老师所言，教师的敬德修业是一辈子的事情。

全国著名教师薛法根在其新作《做一个大写的教师》一书中，有《专业的尊严》一文，提到为尊严而教，是教师实现自身专业化的永恒力量。薛法根老师认为，对于教育教学中的难题，面对难教育的学生，教师不回避，迎难而上，才能真正体现教师的专业尊严。

王晓春老师在《跳出教育看教育》一书中指出，在我国，很多职业都缺乏专业精神，教师职业同样如此。真正具有专业精神的人很稀缺。真正有专业精神的人，把自己该做的事情，尽可能做得更好，更注重过程，而不是结果。的确，做任何一件事情，当你做到出神入化的地步，当你真正尊重、热爱、敬畏你的这份职业的时候，你自身就会迸发出一种能量。因此，作为教师，应该敬畏自己的这份职业，应该进一步培育自己的专业精神，提升自身的专业品质。

《人民日报》2014 年 6 月 3 日刊发了《走出“生活在别处”的困境》一文，文中指出，两个立足“此处”的优秀者，即使在别人看来并不起眼的岗位上，做到长期坚守，也同样能做出宏伟业绩。这篇文章提醒读者，我们不需要羡慕

“生活在别处”的人，立足“此处”，同样能够创造精彩。阅读这篇文章，我们可以体会到，只要你留心，随时都能从“此处”发现美好，如果“不忘散发芳香”，每个“此处”都会越来越美丽。作为教师，同样应该在教育岗位这个“此处”发力，用心做教育，真诚服务学生，努力成为引领学生成长的贵人，为更多学生点亮成长道路上的明灯。

向“十一学校”学习“理念提升”

2014年3月，我认真阅读了《人民日报》《光明日报》和《中国教育报》等权威主流媒体对北京市十一学校的报道和十一学校校长李希贵的新著《面向个体的教育》，对十一学校这所改革先锋校的教改探索有了更深刻和理性的认识。尽管十一学校有其特殊的背景，很多做法不能直接复制。但是，十一学校在教改中所体现出的对教育本真的追求和真正服务学生的情怀，对所有怀抱教育理想、追求美好教育的教育人来说，非常具有启发意义。十一学校在李希贵校长的带领下，进行了敢为人先的探索，让很长时间以来一直仅存在于“话语”中的因材施教实现了“软着陆”，为真正落实“以生为本”走出了一条新路。

十一学校教改最大的亮点就是真正实现了“全员走课”，让全校4000多名学生都有了自己独一无二的课表，《人民日报》就是以《一个学生一张课表》为题，对此进行报道的。不过，“全员走课”并不是什么不能完成的任务，其他学校同样可以有所作为。

《浙江教育报》2014年3月5日头版头条以《全科走班的三个追问》为题，对杭州师范大学附中的“全科走班”的探索进行了关注。根据浙江省教育厅的要求，全省有11所高中列入试点，从2014年9月起全面推行必修课的走班教学。杭州师范大学附中是提前半年率先抢跑了，并且也逐步走上了正轨。可见，“走课”并非十一学校的专利。但该校用勇气和胆略吃了“全员走课”的螃蟹，并取得了卓著的成效，为全国同行提供了可资借鉴的经验。

因此，我们要用开放的心态去看待十一学校的教育教学改革，从中汲取智慧，帮助自己更好地行走在教育大道上。

十一学校校长李希贵是从中学一线走出来的实干型教育改革家，有过中学校长、县市两级教育行政部门一把手、教育部基础教育质量监测中心负责人等多种岗位的历练。当年，他担任山东潍坊市教育局局长时，潍坊的教育改革经验在全国是很有影响力的，并在继任者的持续努力下，潍坊如今依然在全国教育界有着较大的知名度。李希贵担任十一学校校长后，他在原知名校长李金初的办学基础上，进一步深入推进教育教学改革，先后出版了《学生第一》《新学校十讲》《面向个体的教育》，向公众展示了他在十一学校的教改实践和心路历程，在全国教育界引发了广泛关注，引起了强烈的社会反响。李希贵校长的这三本书我都认真读过，并从中获得了很多感悟。

《人民日报》曾刊发过《理念先进是最大的先进》一文。党的十八届三中全会吹响了教育综合改革的“冲锋号”，教育者要用积极的心态去面对，首先要进一步更新自己的教育观念，提升自己的教育理念。事实上，观念的更新和理念的提升并不容易，这更加需要教育者用“空杯心态”去对待新思想、新理念，来更好地指导自身的教育教学行为。

李希贵校长是一个思想者，他能在我们司空见惯的教育现象中发现值得反思的问题，比如他关于“失败的新定义”就是一个很好的例子。

李希贵校长认为，“我们已经有许多失败：课堂提问时学生不再回应，我们似乎已经习以为常，但是却没有多少人认为这是课堂设计、课堂组织的失败；教师在课堂上教不会学生，需要在课后用大量时间辅导学生，常常被视为是敬业的表现，却没有多少人把它视为课堂教学的失败。”只要我们稍微留意一下，其实类似这样的现象在现实中并不鲜见，但很少能引起教师们的反省，很多教师还是乐此不疲地奉献着。这样的做法，说到底是教师专业水平不高的表现，既让自己疲于奔命，又加重了学生的负担，使“轻负高质”成为空想。

或许正是因为大家认识不到自己工作中失败的地方，就失去了很多改正和提升的机会，这样，大家就在习以为常的失败中徘徊不前了。只有我们树立了教育失败的意识，才有可能在各类教育事件中看到自身的不足，并在改进中提升自我。

正是因为有了先进的教育思想和教育理念的指引，十一学校在教改的道路上迈出了坚实的步伐，收获了累累的硕果。

十一学校的以下几个探索非常值得我们思考：

一、教育是服务吗

按照我国三大产业的划分，教育属于第三产业，是服务业中的一种。在2001年，中国被批准加入世界贸易组织的时候，相关的文件里就把教育视为服务业。不过，很少有教师把自己视为服务业的从业人员，否则就认为是自降身份。

而在十一学校的校园里，教育确实成为服务业，并且不可逆转。李希贵校长认为，他们是通过开发自己的产品——课程，为学生提供服务，但这个服务是有技术含量的，是为学生的成长提供高级、复杂的服务。教育为学生的成长服务，这样就要考虑学生的需求，和学生平等对话，赢得学生的满意。在现实中，我们很多教师都会把“以生为本”挂在嘴上，但在教育实践过程中却往往“目中无人”，甚至以为学生好的名义做着伤害学生的事。

正是因为十一学校用服务的态度做教育，他们的很多活动都首先考虑到学生的需求，努力为学生的成长和发展搭建了很多平台，并在实践中找到了教育回家的路。

党的十八大报告中提出，“坚持教育为社会主义现代化服务、为人民服务”，把促进学生健康成长作为学校一切工作的出发点和落脚点，促进每个学生主动地、生动活泼地发展，而培养全面发展的高素质人才是为人民服务的根本落脚点。教师就是教育两大服务功能的具体执行者，只有每位教师提供了优质的教育服务，教育的两大服务功能才能真正落到实处。

做优质教育服务的提供者，为学生提供智慧型的教育服务，这应该成为我们每一位教师的自觉追求。

二、什么是真正的师德

现在，教师的师德问题引起了社会各界的广泛关注，尤其是教师中个别害群之马的行为经媒体放大后，严重影响了教师群体的形象。教育部非常重视教师的师德建设，划定师德红线，对于教师触碰红线的行为将进行严惩。2014 年 1 月，教育部正式颁布了《中小学教师违反职业道德行为处理办法》，进一步规范了教师的职业道德行为。事实上，师德教育年年在进行，年年在强调，但是师德教育的状况并不是很理想。

李希贵校长认为，我们之所以年复一年地狠抓师德建设而未见多大成效，从根本上来说，是我们并没有真正理解师德的核心内涵。他认为，每个人只有喜欢一个职业，才会发自内心地为此倾力付出。只有真正喜欢教师这一行业，这才是质优价廉的真正师德。这个观点真的是大道至简，我们只有真正爱一行，才能在这一行中无怨无悔地投入。优秀教师雷夫就非常热爱他的职业，所以他无怨无悔地为此付出，即便给他更高的职务、更优厚的待遇也不为所动。

在这一点上，美国学者、《教学勇气》一书的作者帕克·帕尔默也持相同的观点，他非常反感教师“身在曹营心在汉”，要么就全心全意当教师，要么就离开这个行业。

教师并不一定要把爱学生挂在嘴上，但必须尊重每一位学生。十一学校取消行政班后，师生关系实现了真正的平等。正如李希贵校长所言，师生关系一平等，真正的教育就发生了。这样，在师生沟通上对教师提出了更高的要求。十一学校的教师原先和学生谈 15 分钟话就能解决问题，现在谈半天都不一定能真正让学生满意。可见，教师的育人并不是一件很轻松的事情，在师生平等对话的前提下，对教师的教育智慧提出了更高要求。

相信今后随着教师准入门槛的提高和退出机制的建立，越来越多的教师会更加珍惜自己的岗位，真正热爱自己的职业。这样，教师的师德水平就会上一个台阶。提高教师群体的整体师德水平，需要我们每位教师的努力。

三、如何评定教师的业绩

在不少学校里，这两种类型的教师都是存在的。一种类型的教师是一心扑在教学工作上，学生的成绩很好，但是却忽视了自己的发展，基本上拿不出公开发表或者获奖的论文等成果；另一种类型的教师是在教学上过得去，学生的成绩一般，但是热衷于自己的成长，在自己的专业发展上硕果累累。那么，这样两种类型的教师，究竟如何认定其业绩，成为一个两难命题。

李希贵校长认为，一位教师的全部使命就是教书育人，他的业绩理应由他的学生来体现。只有他教育的学生的成长，包括德、智、体、美的全部增值，才能称为教师的业绩。而开设公开课、发表文章、著书立说，这些在学术领域里获得的进步可以作为学术素养积分进行奖励。这样，既便于学校对教师进行考核，也有助于教师明确自己的努力方向。李希贵校长明确指出，对教师业绩的评定，要由学生来体现，这证明了教师的价值所在。他同时指出，对教师业绩的认定，不应局限于学生的学习成绩，而应综合考虑德、智、体、美的全部增值，这对于教师如何关注学生的全面成长是非常有意义的。

教师的专业成长，要致力于改进自己的工作，更好地服务于学生的成长。以教师的研究为例，要致力于解决教育教学中的困惑，以便更好地改进工作。这样，教师在取得学术领域的成果的同时，也能更好地提高自己的业绩，实现自身成长和服务学生的双赢。因此，我们不能撇开学生的成长去谈教师的专业发展，否则就会进入教师专业发展的误区。

四、如何促进学生的社会化

学校对学生来说究竟意味着什么？在很多家长和教师来看，学校就是孩子学习的地方。但是，如今进入网络社会，如果仅仅是为了学习知识，学生其实可以有很多的选择，他们可以在家看书，在网上学习网络课程，并非都需要集中到学校来。

李希贵校长认为，学校应该成为学生寻找同伴的地方。在很多的学校里，在行政班一统天下的情况下，学生之间的交往是有限的。不过，即便在行政班的前提下，学校通过开设选修课程，建立各种社团，也可以促进学生之间的交往。关键是教师有没有认识到社会交往对于学生终身成长的积极意义。

“教育的全部意义在于不断地推进孩子们的社会化”。李希贵校长的这个观点很值得我们思考。如果我们能让学生在校学习期间，找到同伴并使之成为日后踏入社会的“同盟军”或志同道合的朋友，这是非常具有教育意义的。因此，十一学校尽可能为学生创造寻找同伴的机会，为学生之间的交往搭建各种平台。

尽管现实中的教育环境并不完美，身为教师，我们不能总是归咎于体制原因，也不能等到环境改变后再来改变自己，而应立足当下，从改变自身做起，用实际行动去做优质教育服务的提供者。

从“零本到十二本”的启示

在阅读2018年教师“啃读挑战”小结文章的时候，我看到一位教师这样写道：“真的很难相信自己能坚持下来，这一年来我认真读完了12本书，每本书还写了1000字以上的读书心得，而上一年我不曾完整地读完过一本书。”

一年的阅读量从零本到十二本，这不是传说，而是真实发生的事。当然，这位创造奇迹的教师是在加入一个读书共同体的情况下实现的。参加“啃读挑战”活动的教师都是自愿报名参与的，每位参与者还写下了亲笔签名的承诺书，不及时提交作业视同自行退出，三年内不得再参与类似活动，如有抄袭等学术不端行为，还将在读书会内部通报并告知所在单位领导。因此，参与活动的教师在承诺书上亲笔签名后，就必须要跟长期坚持阅读并撰写读书心得杠上了。有参与者说，为了对得起这个签名，狠狠心也得坚持下去。

参与“啃读挑战”活动的教师，是一种典型的自我加压，是在认识到了阅读重要性的基础上逼自己一把。2019年年初，我在《演讲与口才》杂志上读到《身价30亿的“中国最牛服务员”是怎样炼成的?》一文。文章介绍了全国知名餐饮企业海底捞集团总经理杨丽娟的成长经历。1978年出生的杨丽娟初中就辍学打工了，从海底捞最基层的服务员做到了最高管理层。杨丽娟认为，自己的一切本领都是逼出来的，要想改变现状，就必须给自己加压。人都是有惰性的，待在自己的“舒适区”的感觉是很不错的，很多人会安于现状，迈不出改变自己的脚步。其实，对于教师的成长而言，不妨对自己稍微狠一点儿，或许会看到更多的惊喜。

这位年度读书从零本到十二本的教师，就是被自己逼出来的。参与“啃读挑战”活动的很多教师，都有逼自己的意味。不少教师在写年度小结的时候，把自己坚持读12本书、每本书写1000字以上的读书心得作为2018年度最值得肯定的事。对这些教师来说，2018年和其他年份没什么区别，该做的工作还得做，而在一切照旧的情况下居然多读了这么多书。现在很多调查都显示，教师的阅读情况不容乐观，教师人均阅读量跟其他公众没有多大区别。近五年来，我国成年公民平均每年阅读纸质书的数量一直在4.5本左右，破“5”都困难。根据中国新闻研究出版院2018年发布的调查报告，2017年我国仅有一成的人年均阅读10本以上纸质书。

可见，一年读12本书、每本书写至少1000字的读书心得，能坚持到底，精神是可嘉的，并且已经进入了全国年均阅读纸质书数量的第一方阵。

客观地说，现在中小学教师的工作是忙碌的，因工作忙碌而没空读书自然是一个还说得过去的理由。但现实中很多能坚持阅读的人也是很忙碌的。以前在仁爱中学，我们组建全校10人的教师读书团队，所有成员都是学校的骨干力量，工作任务都不轻。试想，最忙之人都读起来了，而且读得还不少，其他教师以忙碌为由远离阅读自然就没市场了。让最忙之人先读起来的策略，有效地发挥了推动教师阅读的作用。

我曾有意识地关注过每年世界读书日期间《人民日报》等权威主流媒体对国民阅读状况的报道，留意到这么一种现象，尽管有很多国民表示对自己的阅读状况不满意，但是等到第二年的调查结果发布的时候，对自己不满意的状况基本上没什么改观，“涛声依旧”。

用一个客观的数据来证明。从2013年世界读书日期间发布的2012年我国国民阅读状况的数据来看，从国民对个人阅读数量的评价来看，有1.3%的国民自认为阅读数量很多，有7.1%的国民自认为阅读数量较多，有38.5%的国民认为自己的阅读数量一般，有53.1%的国民认为自己的阅读数量很少或者较少。

从2018年发布的2017年我国国民阅读状况的数据来看，自认为阅读数量很多的国民占了1.7%的比例，自认为阅读数量比较多的国民占了8.8%的比例，与2012年的数据没有什么大的变动。而自以为阅读数量很少或者较少的国民的比例有了一定幅度的减少。

从表面上看，认为自己阅读数量很少或较少的比例有所减少，但已经是时隔五年了。而这五年，正是我国大力推进全民阅读，全民阅读多次被写进总理的政府工作报告中，国家要以立法的形式来推进全民阅读的时期。也就是说，尽管有很多人认识到自己的阅读量不足，但事实上并没有什么改观。除了少部分人被唤醒之外，大多数人还在装睡。这个数据也警示我们：单凭口头上说阅读很重要并没什么价值，不转化为自己的阅读行为，口号喊得再响也是别人的。

同样，在教师阅读上，外界的压力如果不转化为教师自身的动力，效果不大。教师只有真正在内心上滋生出阅读的需求，也就是说有了阅读的内在动力，这样借助外在的力量，可以让自己读得更好。应该说，对于教师的阅读而言，外在的各种条件会越来越好，关键还在于自己有没有走上阅读之路的决心，并将其转化为自己的实际行动。

可见，在自身的阅读上，教师不妨制定计划，比如每学期读一本教育理论方面的书，每学期好好写几篇读书心得。正所谓，“独学而无友，则孤陋而寡闻。”为了进一步促进自己的阅读，教师如果能加入一个阅读共同体，借助团队的力量就可以督促自己参与阅读。

教师年阅读量，从零本到十二本，或许这仅仅是一个开端。在阅读上，教师只要长期坚持下来，必定不会辜负自己的努力。

在阅读中享受职业幸福不是梦

“经过一年的‘啃读挑战’活动，我完成了当初自己签订的那份承诺书，也真正喜欢上了阅读，更从阅读中感受到了教师职业的存在感和幸福感。阅读，是给我职业道路上指向的一盏明灯，更是我要继续坚持的方向。”这是我从一位澥浦镇中心幼儿园老师陈丹丹的“啃读挑战”活动小结中看到的一段文字。

据她介绍，她原先也是那种一年到头只看几本教学参考书的人。而且，这种“看”，绝对称不上是“阅读”。但因为身边的人都是如此，她也就处之泰然了。“研之乐”读书会活动的开展，让她看到了阅读带来的好风气，也体会到了不同层面的教师因为阅读聚在一起的乐趣。刚开始参加“啃读挑战”活动的她，正处于对教师职业非常迷茫的时期，她一度对教师职业产生了疑问，觉得自己无法在这个职业上找到幸福感，甚至想要放弃。阅读，让她清楚了自己的内心，也让她在阅读中感受到自己作为一名教师的使命感。

陈丹丹老师是一所农村幼儿园的教科室主任，我曾安排她在全区教科室负责人共读《教育科研与中小学教师成长》一书的分享会上做过主题发言。作为教科室负责人，她带头读书写作，获得省级教师读书征文比赛一、二等奖。所在幼儿园也两次获得省级教师读书征文比赛组织奖，并在“大视野杯”浙江教育在线第四届“我的教育理想”读书征文比赛中取得优异成绩，全园有5位教师获奖（本项比赛全省个人奖总共82个）。

一个原先不怎么读书的教师，在不到三年的时间里，就真正喜欢上了阅读。而且，她不仅自己爱读，也带动了更多的教师爱读。她自己顺利完成了2018年的“啃读挑战”活动的任务，并获得先进个人称号，又继续参加了2019年的“啃读挑战”活动，她所在幼儿园参加“啃读挑战”活动的人数从2018年的2人增加到2019年的6人。可见，在推动教师阅读中，校内榜样的力量是无穷的。

因为“啃读挑战”活动对教师而言的确存在一定的压力，所以不宜硬性要求教师参与，所有参与者都是自觉自愿的。事实上，很多教师的阅读习惯都是后天培养的，“啃读挑战”活动也为教师阅读习惯的培养创造了良好的条件。

在阅读实践中爱上阅读的，这位教师绝对不是孤例。近几年，我经常碰到一些让人感动的事。2018年11月，有一位教师跟我联系，说“啃读挑战”活动的最后一次作业无法及时提交，以后补上，希望能让她继续参加2019年的“啃读挑战”活动。原来，这位教师的母亲因患重病将不久于人世，她想好好陪母亲走完最后一程，这样就无法完成最后一次作业了。因为按照事先签订的承诺书，如果不及时提交作业视同自动退出，三年后不能再参与任何同类活动。这位教师对阅读的热情，让我很感动，碰到这样的事情，自然要特殊情况特殊对待了。2019年1月中旬，这位教师及时提交了最后一次作业和“啃读挑战”活动的年度小结，并获得先进个人称号。

参加“啃读挑战”活动，是一个教师愿意多读书的一种途径。但还有很多教师由于种种原因，无法参与到活动中来，这并不意味着他们不会走上爱读之路。

对于不同的教师，也不能提出同样的阅读要求。现实中，有不少教师的阅读热情被点燃，在阅读上不断超越自己。从镇海区历年在浙江省教师读书征文比赛中的获奖情况来看，近三年，全区教师个人获奖数为436篇，此前10年全区教师个人获奖总数为225篇。而且，近三年，每年获奖的教师人数也都不少，可见，从全区范围来看，很多教师都已经形成了每年参加浙江省教师读书征文比赛的习惯。

学生希望被认可，教师也是如此。教师在省级教师读书征文比赛中获奖，对自己的激励作用是不言而喻的。仁爱中学有一位教师，近三年来连续在浙江省教师读书征文比赛中获得一等奖。此前，我也关注过这位教师，原先她的专业成长的热情并不高，甚至有些迷茫。2014 年，她提交的一篇读书心得获得了浙江省第九届教师读书征文比赛的一等奖。此后，她像变了个人一样，工作更加认真了，在学科教学论文评比中也获得了区一等奖，之后还获得了市教坛新秀的称号。我问过她这次获奖是否对她有激励作用，她说当时正处于专业发展的觉醒期，在读书征文比赛上获得省一等奖刚好给她打了一剂强心针，给予了她很大的自信。此后，她一直参加浙江省教师读书征文比赛，镇海区组织的教师读书征文比赛，她也每次都积极参加。现在，已经成为学校同龄人中的佼佼者。在“研之乐”读书会组织的 2018 镇海区教育系统读书节（课堂教学专场）暨《课堂转型》一书的分享会上，她不仅上了课堂转型的研讨课，并做了《课堂转型》一书的主题分享，精彩发言得到了与会教师的好评。她说，这几年专业书读得多了，讲起来也头头是道。这就是阅读滋养教师专业成长的最好证据。

在 2018 年 9 月举行的“品读名家教育经典，争做新时代好教师”专题论坛上，在 6 位参与论坛的教师中，既有入职三年内的新教师，也有工作近 25 年的老教师；既有农村学校教师，也有城区学校教师；既有校级领导，也有普通教师。而这些参与现场论坛的教师，都是从征文比赛一等奖的获得者中选出来的。从参与区级教师读书征文比赛的情况来看，不同年龄段的教师都有，甚至有 50 多岁的教师参与。《浙江教育报》2017 年 1 月关于浙江省教师读书征文比赛的一个评点显示，40 岁以上参加读书征文的教师已经非常少。这也充分说明，镇海区越来越多的年轻教师正走上了“读写结合”的道路。

让越来越多的教师在阅读中享受职业幸福感，这是一件可期待并值得努力去做的事，相信会有越来越多的教师去实现这样的愿望。

第五辑　用心写好“代表作”

这些年，我逐渐意识到，真正要写好一篇读书心得并不容易。如果认认真真写一篇读书心得，并能达到发表的标准，就可以起到“以写促读”的作用，不仅能使阅读更深入，同时也能更有效地提高自己的教育写作能力。因此，在读书心得的写作上，我认为必须要有一些自己的“代表作”。增强“代表作”的意识，用心去写一些读书心得，才能让自己真正做到“读有所获”。

近几年，我阅读了不少教育名家的著作，比如于永正、李政涛、常生龙、万玮、汤勇等人的书，并用心写下了读书心得，在《中国教育报》《上海教育》《基础教育论坛》等刊物上公开发表。我也积极参加了《浙江教育报》组织的年度教师读书征文比赛和“大视野杯”浙江教育在线“我的教育理想”读书征文比赛，并多次获得一等奖。

这一辑的内容就是从我近几年撰写的读书心得中精选出来的，包括在《中国教育报》等刊物上公开发表的文章，和两篇获得省级读书征文比赛一等奖的作品。

以“代表作”的名义写好读书心得

写读书心得难不难？有人说一点都不难，不就是书上摘抄几句，再自己写上几句吗？

客观地讲，写一篇读书心得并不难，但是要真正写好读书心得却不容易。

这几年，我阅读了不少教师写的读书心得。有些教师是开头写了关于所读书的几句话，后面就全是自己的做法了。说白了，就是自己原先写过的内容，在开头加上所读书里的几句话凑成篇了，并且结尾也不回应这本书，典型的“顾头不顾尾”。有些教师整篇写的都是自己的观点，跟所读书的内容毫不相干。有些教师写完了读书心得后，也没有主题，就是简单的读某某书有感。而有些教师写的读书心得，不仅提炼的观点非常有吸引力，而且在文字中融入了自己的思考，很明显是下了苦功夫，是很用心地在写作。

对于书评和读书心得的区别，张贵勇、常生龙都写过相应的文章。但是，对一般的教师来说，也不必很在意这两者的区别。比如浙江教育报刊总社主办的浙江省教师读书征文比赛，浙江教育在线举办的是“大视野杯”“我的教育理想”教师读书征文比赛，这些读书征文比赛往往就是把书评和读书心得混在一起了。

在“啃读挑战”活动中，我们提出的要求是每本书写1000字以上的读书心得，就写作的要求来看，并不高，但我们说的是底线。最低要求不宜过高，否则会让人觉得很难实现而丧失信心。如果每本书要求写2000字以上的读书心得，参与的人会感受到更大的压力，怕自己完不成任务。从各位参与者提交作业的情况来看，有些人好多篇都是远超1000字的。

基于2018年“啃读挑战”活动的实际情况，我对2019年“啃读挑战”活动的参与者明确提出了至少两篇“代表作”的要求。也就是说，在这一年里，在完成“啃读挑战”任务的基础上，用心好好写两篇以上的读书心得，作为自己一年中的“代表作”。的确，仅从完成任务的角度来看，1000字的读书心得是够格了，但这仅仅是论数量，还谈不上质量。但如果要求篇篇都是精品，也是强人所难的。一年要求两篇精品也不为过。

近年来，我在《中国教育报》《中国教师报》上发表过10多篇读书心得。真正要写好一篇能在《中国教育报》上发表的读书心得，需要花费不少的心思。比如文章标题和小标题的拟定，书中内容的引领，自己感悟的结合等，都不是很轻松的事。因此，尽管我每年读不少书，但真正用心写的堪称“代表作”的读书心得不多。近年来，除了媒体上发表的读书心得外，每年我也会用心写两篇读书心得分别参加浙江教育报刊总社组织的年度教师读书征文比赛和浙江教育在线组织的“大视野杯”“我的教育理想”读书征文比赛。以“代表作”的心态去写参评的读书心得，自然也会有一定的收获。从2016年到2018年，我连续三年在“我的教育理想”读书征文比赛中获得一等奖。

以2019年3月4日在《中国教育报》上发表的《通往教育的美好之路》为例，我在读完了《教育可以更美好》一书后，拟定了标题《让更美好的教育照进现实》，并从“学生应该有美好的生活”“教育应该找到回家的路”“教师应该真正获得尊重”这三个方面进行了具体阐述。从阅读这本书，到考虑如何写作读书心得，到最后文章改定，整个过程花费了不少时间。这篇文章见报时，标题被编辑稍微改动了一下，但三个小标题没有改动。

可见，写这样的一篇读书心得，就是好好在磨一篇文章，跟教师磨课是差不多的感觉。磨课可以提高教师的授课水平，磨文章同样可以提高教师的写作水平。在现行的教师考评体系中，读书心得的重要性远远不如论文，有些教师因此而不重视写作读书心得。但是，教师写论文的水平也不是三五天就能提高的，是需要多练笔的。

尽管我特别用心写的读书心得并不多，但读书的时候，看到感兴趣的观点和想法会及时记录下来，作为今后写作的素材。

从某种程度上来说，用心写好几篇读书心得，也是自己练笔的好机会。提到论文，很多教师会觉得没东西可写，如果真的一时找不到适合写的内容，那就不妨好好写几篇读书心得吧。

有人觉得，教师不仅要有“代表课”，也应该有“代表作”，这个“代表作”可以理解为学科教学论文和育人文章。当然，教师不妨也可以以“代表作”的名义来写好读书心得。以写促读，让自己更用心地读好几本书，更用心地写出读书心得，通过写作，在总结提炼、遣词造句等方面进行磨炼。试想，一年用心写两篇以上读书心得的“代表作”，既可以在实践中对自己的教育写作能力进行锻炼，又可以将这些作品用于参与相关评比或进行投稿，或许会有另外的惊喜呢！

心动不如行动，你愿意尝试一下吗？

做学生喜欢的“成长型”教师

2017 年 12 月 8 日，于永正老师病逝的消息瞬间在微信朋友圈刷屏，第二天《中国教育报》头版进行了报道。一位小学语文教师的离去为何能引发全国基础教育界的集体哀悼？阅读他的教育文集，就能从中找到答案。

寒假期间，我又一次认真阅读了“源创图书”出品的《于永正教育文集》。这套文集共有 6 册，包括《做一个学生喜欢的老师——我的为师之道》《给初为人师的女儿 20 条贴心建议》《于永正：忆师友、谈人生》《于永正：我怎样教语文》《于永正课堂教学实录Ⅰ》《于永正课堂教学实录Ⅱ》，封面配上于老师不同肢体语言的照片，看上去有一种非常亲切的感觉。这套书的前 3 册适合所有教师阅读，后 3 册更适合小学语文教师阅读。

于老师的书里，时常会有一些“金句”让人回味无穷。比如“教了四十多年的书，终于把自己教成了孩子”“不听别人的课，就上不好自己的课”“让我们的教学‘增值’”“经常给学生的学习生活注入‘兴奋剂’”等。

我最初看到关于于老师的介绍，是十年前在雷玲编著的《故事里有你的梦想——18 位名师的精神档案》一书中，当时于永正老师排在第四位，前面有吕型伟、钱梦龙、顾泠沅三位教育界的名家。从此，小学语文教育界的名师于永正就给非语文教师的我留下了深刻的印象。2014 年年初，《于永正教育文集》出版后，我先睹为快。在《做一个学生喜欢的老师——我的为师之道》这本书中，于永正老师对自己一生的教育工作做了总结回顾，让我深受启迪。

做学生喜欢的教师

于老师的经历和很多小学教师差不多，中师毕业后在小学任教，之后一直从事小学语文教学和教学研究工作。他多年来一直深耕在小学语文教学土壤中，即便是到教研室工作后，也一直坚持在小学上课，并以此为乐。

从上中师开始，他就确立了两个目标：一是当一名作家，二是成为让学生喜欢的教师。他很勤奋，总想着做一个学生喜欢的教师，不能愧对学生和家长的期望。因为职业的缘故，他的作家梦以写教育教学文章的形式呈现，而成为让学生喜欢的教师的目标，促使他在教学上不断求索，努力让课堂成为学生的乐园。

提高课堂教学艺术是于老师孜孜以求的目标。他认为，自己和其他教师相比，并没有什么独到之处，只是更善于博采众长、兼收并蓄。为了把课上得更精彩，他把中国当代名师的课基本上都听遍了，如斯霞、李吉林、贾志敏、支玉恒、张化万、孙双金等，他认为，如果自己在教学中酿出了一点儿“蜜”，是因为从很多名家和许多鲜为人知的普通教师身上采集了高质量的“花蜜”的缘故，他酿的“蜜”是名副其实的“百家蜜”。即使听了不大理想的课，也不吃亏，自己的一些好方法、好主意也会在听课的一刹那间形成。

如何做一名让学生喜欢的教师？于老师提出教师要有自己的绝活，用自己的特长去赢得学生的喜欢。他自己就是一个有情趣的教师，喜欢唱京剧、拉板胡，为自己的业余生活增添了很多亮色，也时常能在学生面前露一手。

于老师认为，教师自身就是最好的教科书，教师是学生最好的范本，教师要求学生做到的，自己首先要做到。

做思考型的实践者

做思考型的实践者，这是于永正老师对自己职业的定位。他崇尚思考，认为人是在思考中成熟的，教学也是在思考中日臻完善的。

于永正老师非常重视理论的指导力量。他认为，理论不能束之高阁，要站在理论家的肩膀上。作为一位一线的特级教师，于老师的与众不同之处就在于能把理论转化为“生产力”，把所得、所学转化为课堂的教学行为，并取得了良好的教学效果。他把阅读作为自己的生活方式，是一位善于思考的读书人，在阅读中一有所得，便努力付诸实践，把理论转化为行动。

不断地学习、不断地实践、不断地反思、不断地总结，是他不断成长的秘诀。他不是天生就擅长写作的，从 1957 年一直写到 1980 年，囤积了一箱子退稿。1980 年年底，39 岁的于永正老师在《江苏教育》上发表了自己的第一篇文章《选材与命题》。从发表第一篇文章起，他给自己定下了每学期精心钻研两篇课文，教好两篇课文，然后写出两篇文章的“小目标”。最初发表的文章，多为执教的心得体会，但命中率很高。他用自己的行动告诉我们，教师想要写文章，遍地都是写作的素材。他的文章不是在书斋中写出来的，而是做出来的，偶尔引用别人的话，是因为别人说得对，能引发他的共鸣，或用来佐证自己的观念、增加说服力。

他认为写作就是用文字凝固下来的思考，写是最全面、最深刻、最理性、最冷静的思考。他的口袋里常装着笔，随时记下瞬间的思维火花，因为这些不寻常的想法是很有价值的，且往往稍纵即逝。在这一点上，今天的我们更有便利，如果有了好的想法，可以随时记录在手机上，但关键在于我们有没有这方面的意识。

做终身成长者

不少教师把获得“特级教师”称号作为人生的终极追求目标，因此，很多教师在评上“特级教师”后便没有了作为。而于老师在取得“特级教师”称号后，将此作为新起点，他所撰写的很多教育教学方面的文章，多是在评上“特级教师”后完成的。他提炼的“重情趣、重感悟、重积累、重迁移、重习惯”的“五重教学”特色，也是在评上“特级教师”后的多年实践中形成的。

一个人一辈子做自己喜欢的事，常常能取得成功，其实，这也是现在很流行的“工匠精神”。于老师一辈子只做小学语文教师，即便是后来调到教研室工作，也是从事小学语文教研，依然在各地上公开课，真正是从语文教学走向语文教育。他认为，自己不只是教语文的，更是教育工作者、是老师，是站在“育人”的高度来思考自己所从事的工作的。

（本文于 2018 年 4 月 9 日发表在《中国教育报》）

“点燃”每一位教师是学校生长之道

现在，办好老百姓家门口的每一所学校，才是真正的教育优质均衡发展，这一点已经越来越成为教育人的共识。刘艳萍校长所著的《点燃教师，照亮教育——学校生长日志》一书，讲的就是办好老百姓家门口的学校的生动实践。尽管她所在的学校被称为北京市十一学校一分校，但与北京市十一学校的“高大上”比起来，简直是天壤之别啊！

将两所薄弱学校合并，委托第三方即十一学校管理，而且出任这所学校校长的还是一个“菜鸟级”的新校长——来自十一学校的中层干部刘艳萍。这样的学校在短时间内会有转机吗？刘艳萍通过几年的实践，把这所“三结合”的学校办出了特色，拥有了良好的口碑，成为名副其实的老百姓家门口的好学校。“点燃教师的成长热情，让每一位教师都有成长的内生力，让每一位教师都能在学校中有所作为。”这就是十一学校一分校的成长秘诀。

“这里的学生素质和总校没法比”“要师资没师资，要教室没教室，怎么进行课改”，这些从教师嘴里说出来的话，说明当初一分校的师资力量和学生的综合素质，都没什么优势。但正是这样一所低起点的学校，几年后却带给人们焕然一新的感觉。

在“点燃”教师上，一分校有一点做得非常好，那就是把每一位教师都当回事，并且让大家能感觉到。比如学校从新建开始，就努力变管理为服务，行政部门转变自己的职能定位，从管理事走向服务人，让权利和资源聚焦学生成长需求，让教育教学真正成为学校的核心工作，保证教师和学生永远站在学校的中央。

新学校组建前，小学教师没有食堂，只能吃营养餐。学校组建后，刘艳萍校长推动总务人员快速拿出供餐方案，全体教师的早、午餐全部由学校食堂提供。学校原有的办公设备比较简陋，复印试卷得跑好几层楼，挤到一个打印室里。建校伊始，学校为每个班级和学科教师都配备了打印机。寒假里，学校进行封闭式课程研发，几位科学教师提出更换电脑，以便更好地兼容编辑电子书的软件，学校电教中心立刻速配到位。把教师当回事，有了情感的连接和基本信任，才有携手改变学校的可能。感到自己被学校重视了，教师自然会增强对学校的归属感，齐心协力为学校谋发展。

在刘校长的引领下，一分校的教师们达成了共识：课程是学校改变的关键，教师是课程的设计者、开发者和实施者，良好的学校机制能激发教师良好的职业状态。

在推进课程建设的过程中，学校抛开行政命令，以学术力量带动教师走起来。刘艳萍举了个形象的例子，在所有教师卷入课程建设这一洪流的时候，一定要在最初抛下救生圈后快速地教会水中的人游泳，实现从他救到自救。于是，她从总校请来课程专家，深入教师中间为他们做课程建设指导，这就是她认为的“救生圈”，在最初的时候要主动拉教师一把。当教师们能够感受到来自学校的全方位支持，就会更有动力地向前走。学校设立了教师发展中心和课程研究中心，这两个学术机构通过分级分类的课程设置、多元化的发展平台，以学术力量来引领教师的发展，以职业的成就来激发教师的内在动力。

刘艳萍认为，不论原先的起点如何，只要相信每一位教师，唤醒教师自我成长的内在动力，每一位教师都可以慢慢超越原有的自己。这样，当成长成为自己的需要时，前行的脚步就具有了不可阻挡的力量。教师最大的成就来自学生的成长，当教师们的教育教学行为开始聚焦学生成长时，内在的职业动力就会因为努力方向清晰而被大大激发出来，不断出现的职业挑战会推动教师自我迭代更新，来自学生的成长反馈会不断坚定教师的职业追求。

刘艳萍认为，学校组织成员的发展仅靠内部机制还不够，需要不断打开通往外界的通道，要实现“外连接”。正如她所说，互联网时代是一个凸显个体连接的时代，谁拥有的连接点多，谁就会赢得更多的资源支持，进而获得更快的发展。学校恰恰可以为教师提供这样的机遇，搭建这样的平台。由于刘艳萍多年在十一学校工作，有十一学校总部的支持，因此在这方面有着得天独厚的优势。

在连接中，影响一个教师成长的关键事件、关键人物或关键书籍，才可能最大限度地涌现。作者认为这是将激励外包的好做法，即利用学校以外的力量激励教师的成长。其实，这也是充分借用外脑智慧来促进教师成长和学校发展的有效举措。

基于这样的理念，一分校为教师的外出学习大开绿灯，不论是总校举办的面向全国的教育年会，还是一些有影响的学术机构、教育媒体举办的大型论坛，学校都会鼓励教师参加，并尽一切可能将教师推向演讲台，去分享一分校的教育主张与实践，让教师在家门口既有机会聆听高水平演讲，又有更多的机会登上演讲台。

“点燃”每一位教师的成长热情，的确是一所学校的生长之道。

（本文于 2018 年 11 月 12 日发表在《中国教育报》）

新时代呼唤更多“明亮型”教师

最近，我认真阅读了常生龙先生的新著《让教育更明亮》。读着读着，有一种心里更敞亮的感觉。正如作者在后记中所说：“教师应该成为孩子成长道路上的一盏灯，始终坚持传递光明这一理想信念，把自己和民族、国家的发展紧密联系在一起。自己想明白了，心里通畅透亮了，就会为孩子营造更加明亮的生长环境，孩子的未来自然一片光明。”因此，让我们更多的教师来成为“明亮型”教师，点燃更多学生成长的心灯，在新时代就显得更有意义。

在今天这样一个时代如何做教师，值得每一位教师认真思考。尽管有研究显示，今后很多行业将遭遇“机器换人”的严峻挑战，教师职业的不可替代性是很强的。尽管教师职业的前景乐观，但是就具体的教师而言，如果依然凭着原有的一张旧船票过涛声依旧的日子，则会被不断向前发展的新时代所抛弃。可以说，持续精进应该成为每一位教师的自觉行为。

常生龙先生的《让教育更明亮》一书，从“教育的目的”“育人的规律”“家庭的责任”和“资源的整合”四个方面进行了具体阐述。我认为对教师而言，可从以下三个层面去加强修炼，让自己成为一个“明亮型”教师。

以正确的教育目的指引方向

对于教师来说，明确教育的目的，是做好教育工作的必要前提。在《让教育更明亮》一书中，作者引用了英国哲学家、教育家怀特海关于教育目的的经典论述：教育的目的是为了激发和引导学生走上自我发展之路。试想，让学生成为在各方面都能自动自发的人，这就是为学生的终身发展负责。

作者结合良好习惯的培养、批判性思维的培养，在如何处理教育和生活的关系、如何培养合格的公民、如何让学生走自我发展之路、如何让学生形成生命自觉等方面，阐述了自己心目中教师要追求的教育目的的具体实现路径。

作者有过教师、校长、教育局局长等不同岗位的工作经历，又常年博览群书，能把中外教育名家，如叶圣陶、叶澜、怀特海、苏霍姆林斯基、杜威等人的教育理论与当下的教育实践相结合，让读者于教育的细微处感受到教育的真谛。

比如现实中有的教师经常抱怨新教材编得不好，教起来缺乏系统性。作者认为，所谓的系统，其实就是自己依托前面一套教材养成的习惯。但是教材变了，自身的习惯不变的话，自然会受到旧习惯的束缚，感到困难重重，无法适应新教材的教学。因此，作者结合叶圣陶先生提出的“教育就是培养习惯”的理论，认为改变不良习惯和形成良好的习惯同样重要。

在阐述如何让学生的学习自动发生时，作者结合台湾黄武雄先生的事例，提出了明确归向、分析方法、隐藏推理这三个关键点。也就是说，要让学生的学习自动发生，比如让学生看到明确的目标，有合理的方法，能把控进程并得到及时的反馈。作者认为，在学习中，有些事情必须由学生来做，否则的话，学生只能跟着老师走，学得很辛苦，但真正的学习很难发生。

作者非常认同华东师范大学终身教授叶澜在新基础教育研究中倡导的“生命自觉”理念，认为应该为学生营造“生命自觉”的文化氛围，让学生在“生命自觉”中加快成长的步伐。

正如作者所言，教育是面向未来的事业，但所有的教育行为必须立足当下，让学生在当下获得愉快、健康成长，这是真正的学生立场和以生为本。同时，这样做也必然会实现激发学生和引导学生走上自我发展之路的教育目的。

在遵循教育规律中走正路子

现在，关于教育要回归常识的呼声很多。所谓教育回归常识，其实就是教育要按规律办事。教育要遵循两个方面的规律，一是学生的身心发展规律，二是教育教学自身的规律。

要了解学生的身心发展规律，教师必须要多学习心理学方面的知识。作者结合《读懂孩子》一书，就依赖、无意识、冲动这三个重要的心理学理论进行了具体的阐述。此外，作者认为，教师要对学习中的心理学、班级管理中的心理学、人际关系中的心理学等方面的常用理论有所了解。从某种意义上说，心理学可以帮助教师获得专家视角，不仅明白如何做，还能明白为什么这样做。有了心理学知识的储备，教师自然能更好地读懂学生，能更好地遵循学生的身心发展规律来开展教育教学工作。

作者还就幼儿、小学、初中、高中不同学段的学生特征进行了分析。事实上，了解不同学段学生的心理特征是非常重要的，这样教师才能更好地走进学生的心灵，采用针对性的方式开展教育教学工作，赢得他们的尊重，促进师生之间关系的和谐。

作者结合布鲁纳的文化主义教育观，就文化、心灵、教育三者的关系进行了具体阐述，并就有关心灵和教育的研究进行了归类分析，认为大体上可以归结为四种基本模型。作者认为，“儿童是模仿的学习者”“通过直接教育而学习”“交互主体性的学习活动”“个体的知识和传承的知识”，这四种模型都只是从一个局部来理解人类的心灵和教育问题的，需要全面认识，这样才能更好地处理内在和外在、主体和客体的关系，以更好地认识教与学的关系。

此外，他还就“学习已有的知识会促进或阻碍其学习”“学生组织知识的方式会影响其学习和应用知识的方式”“学生的动机激发、引导和维持他们的学习活动”等七条学习的原理进行了深入分析，这对教师而言是很有启发意义的。教师只有真正掌握了学习的原理，才能更好地扮演学生学习的引路人和陪伴者的角色。

作者对教学过程的四大规律（对简捷律、发展律、育人律、双主律）进行了分析。认为教师如果对这四个规律有清楚的认识，在教学中自然会少走很多弯路。他还就如何从教到学的转化进行了阐述，并对和谐师生关系的重要性进行了说明。

教师只有敬畏和遵循教育规律，才能更好地让自己成为回归教育常识的践行者。

用融合思维形成教育合力

正如作者所言，在这个巨变的时代，教师个体所面临的挑战也是前所未有的。因此，教师要以开放的心态来拥抱这个变化的世界，要善于汲取他人的智慧，要善于向各方借力。教师要善于融合各类资源，赢得多方面的理解和支持。

教师要善于借助家长的力量来教育好学生。一是要形成家校共育的合力，通过家校沟通来引导学生、家长、班级的共同成长。作者还就如何有效开展家校沟通进行了具体的阐述。二是让家长成为课程的建设者，可以让家长从家长学习课程资源、家校共读课程资源、学校拓展课程资源这三个方面来助力学校课程的开发。目前，在让家长成为课程建设者方面，很多学校还做得很不够，这一点尤其值得大家注意。

教师要善于用好各种社会资源，比如注重开发社区资源、善于利用自然资源、用好各种社会资源等。此外，善于从日常生活中寻找学生身边的教育资源，要和当下的社会生活发生联系，这样可以进一步激发学生的学习兴趣。

此外，教育要善于借助教育技术手段，来促进自己的发展。作者描述了信息技术带给课堂教学的变化，长短课相结合的形态会越来越普遍，教师统一授课不再一统天下，教学会发生很多变化。在这样的态势下，学习方式也会变化，学习流程将再造，教学会更加注重联系，进一步关注个体的学习。可见，教师如果不善于向技术借力的话，不仅会降低效率，甚至会无法适应技术发展给教育带来的变革。

今天，无论教师如何勤勉，靠自己单打独斗必然会走进死胡同。因此，教师要善于把各方面的资源拿来为己所用，跳出自己的学科教学，用融合思维学会借用和管理好各种资源，更好地服务于学生的成长，以更适应新时代教育的挑战。

如果更多的教师能用正确的教育目的来指引方向，能遵循教育规律走正路子，能融合各种资源形成教育合力，那么越来越多的教师就有了更大的格局，能更好地兼顾当下和未来的关系，成为名副其实的“明亮型”教师。当越来越多的教师成为“明亮型”教师，那么，我们的教育也会越来越明亮。

不断加强自身的修炼，努力成为“明亮型”教师，需要越来越多的你我同行。

（本文发表在《上海教育》2018 年第 3 期）

做专业的学生成长陪伴者

看到沈丽新老师新著的书《让学生看见你的爱》，我不由自主地想起多年前读过的一篇文章《教师的关爱要让学生懂》。爱是教师职业的标配，没有爱就没有教育。但是，教师有爱也未必就有了教育。当学生感受不到教师的爱的时候，教师的爱未必能发挥其应有的作用。因此，让学生“看见”教师的爱是不容忽视的教育智慧。

沈丽新老师的这本书中，很多文章都体现了专业性的思想。其实，教师如何表达爱，就是教师专业水平的具体体现。应该说，有专业水平的教师，是具有教育智慧、能享受职业幸福的教师，同时也能更好地扮演学生成长的导师和引路人的角色。

在沈丽新老师看来，她对自身的定位就是学生成长的陪伴者。当然，这个陪伴指的是专业的陪伴，她在用心做一个专业的教师，用自己的专业素养来更好地陪伴学生成长。

建立专业的师生关系

沈丽新老师认为，教师要温和而坚定地站在学生面前。在她看来，这就是教师的专业形象。我们常说，师生之间的关系并不是“零”距离，而要有一个合适的距离。既不要让学生生活在恐惧中，要让学生感受到来自教师的善意，又要让学生保持对教师的敬畏之心，这就是沈丽新老师认为的教师应有的专业形象。如果教师能做到这样，其实就是建立了一种和谐的师生关系，既有亲近感和安全感，同时也有一种敬畏感。在这样的师生关系中，教师的教育作用也才能更好地发挥。

她认为应该把爱学生的情感变成看得见的态度、策略和技巧，这样才能建立起专业的师生关系。她自己就是用专业态度、专业知识和专业技能去赢得学生与家长的尊重的。

现在，由于师生关系紧张导致的恶性事件并不鲜见，近几年来媒体一直在进行相关的报道。在谴责学生的大逆不道和毫无人性、感怀教师的人身安全得不到保障的同时，我们也应该思考教师如何去构建和谐的师生关系。现在，越来越多的有识之士认识到，教育学首先是关系学，好的关系胜过好的教育。在构建和谐的师生关系上，教师无疑应该占据主动地位。或者可以这么说，教师是构建和谐师生关系的第一责任人。从这个意义上说，沈丽新老师倡导的建立专业的师生关系就显得非常有价值。建立在专业基础上的师生关系，让师生保持舒适的心理距离，让学生有安全感并对教师充满敬意。试想，有了这样的师生关系，师生之间就不大可能出现大的矛盾和冲突了。

引导学生做有教养的人

我们常说“立德树人”是教育的根本任务，做人比做事更重要。因此，引导学生做一个有教养的人非常重要。在文明社会里，缺乏教养的人是走不远的。而教养并不是靠说教就能形成的，而是体现在细节中的。

沈丽新老师用自己的言传身教，在细节处培养学生的教养。这些做法，并不能在学生学习成绩的提高上有立竿见影的效果，但这恰恰是对学生终身有用的素养。沈丽新老师正是用自己的实际行动，实践着为学生的终身发展负责这一长远的教育目标。

在引导学生成为一个有教养的人上，沈丽新老师自己努力成为学生成长的优秀范本。她认识到，对一些家庭教养良好的孩子来说，教师的影响力不见得会特别大；但对于另外一部分家庭教育不够到位的孩子来说，教师的影响力就显而易见了。从这一点上来看，她的认识是深刻而清醒的，不夸大也不低估教师在学生成长中的作用。

沈丽新老师通过自己“如何做”让学生看得见，引导孩子学会规范、有序地整理物品；她通过让学生成为植物的主人，引导孩子懂得敬畏每一个生命；她通过让饮水机附近的地面不留水渍，引导孩子树立关注细节的意识等。

相信在沈丽新老师潜移默化地影响和有意识地引导下，学生的教养水平会有所提高，这对学生的终身成长是很重要的。

让成长在教室发生

现在，教室的作用越来越受到重视。教室不仅是学生学习知识的地方，同样是他们人格养成、各方面能力得以培养的地方。比如目前新教育实验就是把“缔造完美教室”作为新教育研究的重要行动。

沈丽新老师始终坚信：在教育现场，安静是一种力量。只有当学生静下心来，教育才会有效发生，才会有良好的教学质量、班级风气。为此，她致力于打造一间安静的教室。

她认为教师要自始至终轻声说话，即便是面对突发事件时也不例外。教师在遇到突发事件时，还能做到心平气和，这是很不容易的，这样就能避免很多师生冲突的发生。正是因为有时教师自己不够冷静，面对突发事件时，对学生大吼大叫，引发学生的顶撞，造成师生关系紧张，甚至是严重冲突。

沈丽新老师注重创建一个有安全感的班级。不用管理来替代教育，不让学生受到同伴的欺凌，不让学生害怕犯错。这样，学生就不会日复一日地生活在恐惧之中，不会失去自信和安全感。

沈丽新老师放大了教室的教育功能，让学生在这一方习以为常的空间中获得更多的成长营养素。她注重营造班级的阅读氛围，自己带头在教室阅读，还每天在固定的时间陪伴学生阅读。她非常重视教室里的仪式感，比如重视入校的仪式，让学生礼敬校园；重视开始上课的仪式，让学生尊重课堂；重视收全作业的仪式，让学生敬畏作业；重视颁奖仪式，让学生体验成功。

她培养孩子终身受用的素养，如培养良好的饮食习惯，培养良好的离座习惯，培养学生良好的传承意识。她认为，人要自立于社会，需要的技能很多，如终身阅读的习惯、写作能力的奠基、理财能力的培养、艺术气息的熏陶、独立思考的习惯、与他人交往的能力……每一位教师都不是全能的，但至少要重视培养学生离开教室后终其一生都能派得上用场的各种技能与素养，这样，今后学生的生活质量和幸福程度才有可能更高。

教室不仅是学生学习的空间，更是学生成长成人的空间，沈丽新老师在这方面做出的探索很值得我们学习。

做一个让自己的爱能让学生看得见的老师，这样才能更好地赢得学生的尊重和理解，才能真正扮演好学生成长陪伴者的角色。做专业的学生成长陪伴者，我们可以从沈丽新老师身上学到很多。

（本文发表在《当代教育家》2017 年第 11 期，2019 年 4 月获得“大视野杯”浙江教育在线第五届“我的教育理想”读书征文比赛一等奖）

努力做理性的教育人

四十岁，是一个非常有典型意义的年龄，这主要源自孔子“四十不惑”的巨大影响力。胡适曾写过《四十自述》一书，也有人写过《四十岁开始真正读书》的文章。万玮的新著《40 岁，开始学做教育》一书，跟随他的思想脚步，你会进入新的教育境界。

万玮以《班主任兵法》一书闻名于全国教育界，现在他是知名品牌学校——上海平和双语学校的掌舵人，据说该校的国际部还是上海周边地区，如杭州和宁波的学生读国际高中的首选。正如万玮所言，点亮自己的心灯需要悟，而悟需要积累、酝酿、融合以及沉淀。万玮从班主任工作的失败者成长为全国知名的专家型班主任，从新手教师成长为名校校长，他的悟可以带给我们很多的启发。

一、对教育价值的追问

万玮校长认为，教育的目标不是分数，不是财富，不是地位或名声，而是幸福。真正的幸福，应该是现在快乐未来也快乐。但现在的学校教育，学生多半处于忙碌奔波中，这是以牺牲当下的幸福去追求未来的幸福。不过值得我们深思的是，如果现在的努力对将来而言没有意义，那真的是现在和未来都不幸福了。因此，如何让当下的学生幸福，这是一个值得每一位教育人思考的问题。

万玮在书中还引用了美国教育学者莉莲·卡茨教授的观点。卡茨教授认为，任何一项学习活动都包括三个层面的活动：知识、能力和气质，而这三个层次中，气质是教育的终极目标，也是最重要的目标，这里的气质可定义为“相对稳定的思想意识的习惯”。的确，成绩和技能可以在短时间内提升，气质却不行，需要长时间的培养，是慢的艺术。

在书中，作者结合颇具争议的“衡水中学现象”进行了分析。他认为学校管理措施的背后都有价值观存在，衡水中学的关键词是控制，控制是所有以应试为导向并取得成功的学校管理的精髓。衡水中学控制学生的时间、控制学生的行为、控制学生的思想、控制学生的一切。激励比控制更进一步，需要信任和充分授权、需要制度设计、需要团队合作、需要技巧、需要目标引领。服务则比激励更进一步，作者认为，目前李希贵主导下的北京市十一学校在管理上就达到了服务的境界。从服务层面上来理解学校，学校就是教师与学生成长和发展的地方，以服务为主导的学校管理应该为师生搭建各种平台，让他们在生长的过程中得到充分的阳光、雨露和养分，使他们的根扎得更深，枝叶长得更粗壮，花开得更艳丽，生命更有成就感。如果学校管理达到了这样一种境界，那么，当下的学生会更加幸福，他们的气质也会更加高贵。正如作者所言，真实语境中的班级管理和学校管理，一定是控制、激励与服务并存的，必要的控制是需要的，但不能在控制的道路上越走越远。

二、对学校管理专业化的思考

作者在书中明确指出，教育界的优秀人才尤其是管理人才还十分稀缺。这样即便是他认准了的事，如果时机不成熟，尤其是没有找到合适的人，也只能徐徐图之。作者从学校管理的实践出发，充分认识到了学校优秀管理人才的重要性。在中小学，“教而优则仕”的现象曾引发过广泛关注，也有人提出要“教而优不仕”。甚至有人认为，把教学优秀的教师提拔到管理岗位上会造成教学人才的浪费。其实这个问题需要理性看待。如果一位优秀的教师，自身有较强的管理能力，也有从事管理工作的意愿，那么成为一名优秀的学校管理者也不失为一种理性选择。

书中，作者提到了这样一个事例。某位教师因为班主任工作做得好而被提拔为教务处副主任。这位教师觉得很多时间都浪费在无聊的事情上面，例如检查教案、组织教研、为迎接上级部门检查准备各种材料等，因此产生辞去管理职务重新做班主任的想法。作者建议这位教师可以把现在的工作看作自己的专业，拿出以前做班主任的热情来研究它、琢磨它，在一个新的领域可以做得更专业。从专业的角度来审视学校管理工作，这一点我觉得非常有道理。其实，学校各部门的管理工作是大有可为的，做好了，能够真正促进学校发展、师生成长。

作者还以如何推动教师读写为例，提出了四种造势的方法。所谓造势，就是形成一种氛围，形成一种力量，来推动教师们做事，这种力量比个人力量要大得多，因此效果也会好很多。比如可通过落差（奖励读写）、轨道（开展专项工作）、吸引（成为团队）、联结（形成愿景）这四种方法来推动，当然，这四种方法可以单独使用也可以组合使用。其实，这就是学校管理专业水平的具体体现。

三、对教师专业成长的启示

作者自身就是从新教师一路成长起来的，而且又以校长的身份在推动着学校教师的成长，因此，他对教师成长的感悟更深刻。

作者认为“心在哪里，结果就在哪里”。在职业生涯的早期，他既当数学教师，又担任班主任，复旦大学毕业的他数学教得不错，班主任却做得很不成功。于是他集中精力研究怎么做班主任，后来成为国内班主任领域的翘楚，并出版了多部著作。他聚焦高中国际课程三年，对中西比较教育研究颇有心得，经常出席一些论坛发表见解，并被别人认可。其实，作者的经历验证了专家是“做”出来的理念，这跟现在流行的“一万小时定律”是异曲同工的。

作者认为教师自身的学科能力固然重要，但指导力更重要。指导力包括组织管理能力、吸引注意的能力、激励能力、因材施教的能力，但最重要的是与学生建立连接的能力。这也是好的关系胜过好的教育，教育学首先是关系学的另一个注解。可见，如何构建和谐的师生关系，并运用相关技巧来吸引学生同频，是教师成长中的必修课。在师生关系中，让学生爱教师，比教师爱学生更重要，当然这个前提是教师的爱要让学生懂得。

“一个人有影响力不在于他主动去影响别人，而在于别人被他吸引。只要他把自己的事情做好，就能真正展现他的价值。”尽管今天的教育倡导学生为本，但这不应该表现为对学生的迎合，而应该体现为对学生的引领。一个尊重学生、又散发着自身魅力的教师，是能把学生吸引到自己身边，让学生跟着自己学的。

正如于漪老师所言，要一辈子学做教师，我们每一位教育人也要一辈子去用心学做教育。用心品读万玮的这本书，令我们受益匪浅。

（本文发表在《基础教育课程》2017 年第 4 期）

一次教育的环球旅行

读完《重新想象学习：互联社会的学习变革》一书，笔者仿佛跟着作者格雷厄姆先生进行了一次教育的环球旅行，对不同区域的教育有了进一步的认识，颇有脑洞大开的感觉。

本书作者面对面采访了世界教育、技术、设计等领域的思想家和实践者，通过旅行日记、对话访谈、案例探究和思想记录等形式，探讨了教育工作者应如何在互联网社会中应对教学内容与教学方式的挑战。

技术的力量关键在于使用

客观地说，与其他领域相比，技术对教育的影响并不像理论所述的那么大。技术本身只是中性的工具，并不带来实质性的改变，但为改变提供了可能性。在教育中，我们不应拒绝技术，而要善于利用技术来提高效率。

由于世界各地发展状况的不一样，本书中所说的技术也不尽相同。比如在印度的农村，由于媒体缺位、电力有限，一款基础的移动电话通过宣教产妇保健知识可以挽救大量生命。比如在加纳，“世界阅读者”的部分项目借助廉价的电子阅读器使人们能读到书，给当地带来一股惊人的活力。而在英国、美国和黎巴嫩的部分地区，学生人手一台平板电脑已成常态。

结合我国的实际情况，笔者觉得数字化 1:1 教学更值得探讨。数字化 1:1 教学其实就是我们俗称的电子书包。电子书包在国内的许多地方展开了试点工作，但是反对的声音也很多。本书中提到了我国人大附中西山学校的情况，西山学校作为我国数字化 1:1 教学的学校，早在 2002 年就开始了尝试。

作者详细地列举了英国博尔顿的艾萨学院的例子，该校已被视为英国采用数字化 1:1 教学的领导者，学校里的每位学生和教师都有自己的平板电脑。艾萨学院的学业成绩就是最好的代言，在平板电脑试点项目推荐的两年中，学校的合格率从 28% 跃升为 100%，所有学生的考试成绩均有大幅提升。不可否认，新的学习方法已成为提高成绩的催化剂。英国各地包括伊顿学院和英国顶尖私立学校的教职人员都去造访该校。

事实上，数字化 1:1 教学进课堂，是信息技术与教学的深度融合。对于教师而言，需要积极关注数字化 1:1 教学，并进一步提高自己掌握信息技术的能力，以适应未来数字化教学的挑战。

处理好理想和现实的关系

当下，中国教育饱受诟病的最主要原因就是应试压力的存在，很多人把教育改革无法推进的原因归咎于应试教育。其实，应试不仅仅在中国存在，世界上大多数国家都存在类似的现象。即便是美国，中小学应试现象也较为普遍，大家都要接受标准化考试的检验。目前，世界经合组织开展的国际学生评估项目也给各国的教育造成了一定的压力，很多国家希望在这一项目的评估中找准自己在世界教育中的位置。

中国有“考试工厂”的说法，本书中也提到现在的学校往往沦为“教育工厂”。为了提高中小学和高校的产出，学生必须在学习的流水线上经历无数次标准化考试的检测。但事实上，19 世纪以来，人们所接受的标准化测试已经不再适合我们现在的个体和社会了。因此，本书中把目前的标准化测试称为高风险测试，这样的测试会带来一系列问题，如涉及剥夺教师权利和降低教师技能、为考试而教、缩小课程范围、以教师为本的学习以及知识的“碎片化”等。其实，这些问题跟我国由于应试压力的存在而出现的问题是同样的。

作者在书中多次提到，要培养学生适应 21 世纪的能力，包括创造力、创业精神、协作能力和批判性思维等。但是，这些今天社会所看重的技能，几乎无法用现有的标准化测试制度来精确衡量。

新加坡非常重视教育，且教育质量非常好，在最近公布的最新国际学生评估项目中的成绩为全球第一，但新加坡也面临着学生创新能力不足的巨大挑战。尽管新加坡的教育部门认识到了要让教师培养包括批判性思维、创造性思维、协作力、想象力和创造力这些“21 世纪能力”的重要性，但他们还是无法放弃常规考试。因为在新加坡的绩效和信用体系中，迄今为止还没有找到一种更好的替代方式，因此继续沿用着那些高风险测试。这一点，跟我国很相似，我国的高考尽管存在问题，但也无法用更好的方式替代。

对教师而言，如何处理好应试压力和培养学生能力方面的关系，考量着教师的教育良知和智慧。

教师如何扮演好自己

在当下的互联网时代，学生的学习发生了很大的变革，教师也需要重新给自己定位，主动适应互联网社会的学习变革。

学生可以通过智能手机，轻松获取人类从古到今的所有信息。今天的学生可以称得上是数字化时代的“原住民”，而教师却成了“移民”，甚至沦落成了“难民”。教师不再是知识的主要来源渠道或是权威获得渠道。互联网上的知识总量远远超过教师的知识储备，并且知识在不断更新中。从知识传授的角度来讲，教师的重要性已明显降低。教师变成了帮助学生面对海量信息时做出决策和判断的那个人。如果教师仅仅是照本宣科，做知识的二道贩子，那么这样的教师自然不会得到学生的尊重。

作者在书中提到，教师对课程的成功意义重大：“教师们带着内容进来，他们知道这些内容要教给孩子，而且他们也能补充这些内容。他们在创造课程，这样他们就能够增加他们觉得重要的东西。他们能够将自己的兴趣融入课程。他们能够制作并塑造它，使它成为自己真正感兴趣的教学内容。”可以说，教师应该成为课程的开发者，有专业热情和专业知识，并有课堂掌控能力。

“智者—引导者—朋友”，在书中作者就教师角色的变化进行了具体阐述。从这个意义上说，教师要成为学生学习路上的陪伴者，在学生需要的时候适时介入，并进行必要的指引。

学生是终身学习者，教师更应该成为终身学习者。作者提到，随着人类平均寿命的提高，那种拼命吸收信息的模式在我们的后半生中就会失去动力，但我们仍然是活得更久的终身学习者。可以说，点燃学生的学习热情，让学生成为终身学习者，这是教师的重要使命。从这个意义上说，教师要让自己成为学生信任的人，成为学生成长路上的引路人，就显得尤为重要。因此，教师要成为一个真正的学习者，让自己成为学生学习路上的楷模。

（本文于2017年2月27日发表在《中国教育报》）

做有“生命自觉”的教育行动者

2015 年 7 月，我曾在教师博览杂志社举办的读书论坛上听过李政涛教授的讲座。再次捧读他所著的《重建教师的精神宇宙》，有一种生命在场的味道，仿佛在听他娓娓道来。李政涛教授的这本书，让笔者对教育问题的认识及自身的精神成长有了更深刻的思考，也进一步明确了自己今后的努力方向。

一、做直面教育问题的求索者

理念是行为的先声，教师秉持的教育理念往往主导着自身的教育行为。教师只有将写在纸上的教育理念真正内化为自己的教育理念，才能发挥正确教育理念的引导作用。今天，教师们面临着各种各样的教育问题，也存在着各种各样的困惑。如何看待这些教育问题，并选择正确的应对方式，这需要进一步得到教育理论研究者的指导。

李政涛教授有着深厚的教育理论功底，并且多年来坚持深入教育一线，对很多教育问题有着深刻、理性的思考。

在本书中，李政涛教授提出的一些理念，值得我们深思。比如“不同的教育，造就不同的人生”“真正留存他心底的是各种价值观、思维方式、能力和习惯”“作为教师，思考今日教育的起点，不再是我们要给学生什么样的教育，而是我们要给学生什么样的人生”“你想给学生什么样的人生，就会给他们什么样的教育；你给了他们什么样的教育，就会让他们度过什么样的人生”。

李政涛教授认为：“真正的教育的使命是引导和建立学生的终极价值体系，使他们成为有灵魂、有信仰的人，而不只是热爱学习和具有特长的准职业者。”

“可以预见，未来浮出水面的将是一群有知识无智慧、有目标无信仰、有规范无道德、有欲望无理想的一代人，这真的是一件很恐怖的事。”因此，他大力呼吁有灵魂的教育。在这一点上，我们教师是可以有所作为而且是应该有所作为的。

他提出教育要培养有“生命自觉”之人，这样的人至少具有三大特征：一是拥有对自我生命的自觉，即明自我；二是拥有对他人生命的自觉，即明他人；三是拥有对外在环境的自觉，即明环境。这样，有“生命自觉”的人，就能处理好与自己、与他人、与环境的关系，是一个和谐之人。他希望“生命自觉”能成为师生成长的内在力量，成为贯穿其一生的绵绵不绝的生命动力。当然，教师首先要成为有“生命自觉”之人，这样才能更好地培养有“生命自觉”的学生。

面对各种各样的教育问题，教师要学会理性思考，并用自己的理性认识来改进自己的行动，成为一个孜孜不倦的求索者。

二、做自身精神宇宙的重建者

李政涛教授认为，我们除了关注孩子的宇宙外，要认识到教师内心也拥有自己的宇宙，它的辽阔和深厚同样让人尊重和敬畏。所谓教师的“教学勇气”，首先是反思和重建自我宇宙的勇气，是在不断拓展自身宇宙的边界时存在的勇气和自信。毫无疑问，这里所说的宇宙指向教师的精神层面，因此也可以称为精神宇宙。李政涛教授提出的教师精神宇宙的话题，让人有耳目一新的感觉。

正如李政涛教授所言，教师精神宇宙的发现和重建，不能依赖他人，只能寄希望于自己。每一位教师都要有发现和重建自身精神宇宙的勇气。

那么，如何来重建教师的精神宇宙？李政涛教授也开出了药方。他认为，认识自身精神宇宙的基本方式是阅读，从对外部一切与教育有关的有字之书和无字之书的阅读中返回自身精神宇宙的世界。教师精神宇宙世界中一切博大和丰富的诞生，一切生命的灵动和生动，都有赖于高度、深度和广度的阅读。或许，这就是他所说的“读天地人事，育精神宇宙”。

客观地说，目前，教师整体的阅读状况不容乐观，《新华每日电讯》等多家媒体都对此进行过报道。尤其是现在受新媒体的冲击，不少教师也成为“低头一族”，离深阅读更加遥远了。或许，正是因为远离阅读，造成了一些教师精神上的贫瘠。只有真正爱阅读的教师，才能培养出爱阅读的学生。正视现实，在新媒体成为阅读生态的当下，教师需要在阅读上进行“顶层设计”，注重建立合理的阅读结构，处理好浅阅读与深阅读的关系，努力形成阅读的习惯，并把阅读作为自己的一种生活方式。这样，我们才能更好地培育自己的精神宇宙。

李政涛教授同时提出“现场学习力是教师重要的学习能力”的观点。教师工作忙碌的客观现实，让不少教师忽略了自己的成长。李政涛教授认为，与高校教师和研究者可以有大把时间坐拥书城进行研究不同的是，中小学教师最重要的学习场所是在自己的工作现场，如自己的课堂，同事的课堂，教研组和备课组的研讨活动、培训和专家讲座等现场。教师如果能把这些工作现场作为自己的学习现场的话，那么日常工作同样可以成为教师自身精进的平台。

从大阅读观的角度来看，教师的现场学习，也是一种阅读，阅读自己、阅读同事、阅读专家，因此教师要充分利用一切可以成长的机会，加快自己成长的步伐。

教师通过重建自己的精神宇宙，不断促进自身的精神成长，对学生的精神成长也就有了更多的关注和呵护，从而能更好地扮演学生精神成长引路人的角色。

三、做深耕教育实践的研究者

近年来，“科研兴教，科研强师，科研兴校”的口号随处可见，教育科研成为第一生产力的提法说明了教育科研的价值所在。但在现实中，很多教师并没有成为真正意义上的教育研究者，研究并没有真正发挥其应有的作用。

要改变这样的现状，我们需要重建自己的研究价值观，明白教师研究的价值究竟在哪里。如李政涛教授所说的，“关键的教学问题就是研究课题”“解决问题的过程就是研究”“参与研究本身就是成果”。这样，可以让教师消除对科研的“神秘感”和对成果的“敬畏感”。

李政涛教授是叶澜教授的新基础教育研究的核心成员。叶澜教授的新基础教育研究是我国目前非常具有生命力的教育流派。在书中，李政涛教授介绍了叶澜教授是如何注重深入中小学一线开展研究的，说此前没有见过一个教育学者如此日常化、高密度地深入课堂。他也回顾了自身是如何从一个书斋式的研究者，成为一个深入一线进行教育实践的行动研究者。正是通过深入一线实践，他回到书斋后，呈现在眼前的不再是某种理论学说，而是某所学校、某位校长、某位教师的问题。这样，一份份研究方案和教学思考在他的眼里被还原成了一个个生动的教育场景，成为富有生命气息的生动画面。

李政涛教授指出，当下的教育研究中，尽管都在提及回归实践，但大多数只是在观念上、书本上回归实践，真正将自己的生命投入到实践的田野里，把自己的思想之根、生命之根以置身其中的方式，深深且持久扎根其中的，则少之又少。这也是当下高校研究者和中小学教师存在着互相抱怨的根源，比如高校研究者认为中小学教师的研究毫无章法，而中小学教师则认为高校研究者是纸上谈兵。事实上，高校研究者和中小学教师应该成为真正意义上的合伙人。李政涛教授所在的新基础教育研究团队，敢于放下身段，深入中小学一线，这样他们的研究自然就更具针对性，更能赢得中小学教师的尊重。李政涛教授自己就是从“旁观者”到“置身者”的，和教师们一起发现问题、重建课堂。这也是李政涛教授的著作和文章能够深受中小学教师喜爱的重要原因。

中小学教师本身就有着得天独厚的实践条件，这就为自己亲近研究提供了最适宜的场所。因此，对于中小学教师而言，自己的研究要深耕在实践中，来源于实践，在实践中进行，并用于改进实践。这样的研究，既可行又实用，教师也能在研究中加快成长的步伐。

与高校研究者要多深入一线一样，中小学教师要增强自己的“理论自觉”，要主动多学习一些教育理论，来提高研究的理论水平，这样，可以进一步提高研究的质量。正如李政涛教授所言，现场功和案头功，可以相互促进。中小学教师更需要在案头功上多下点功夫。这样，可以更好地梳理自己研究中的经验，提炼自己研究中的做法，让自己的研究更加丰盈。今天的教师面临着更大的挑战，需要更多的研究来提升自我、改进工作。

（本文发表在《教师教育论坛》2015 年第 12 期，2016 年 4 月获得“大视野杯”浙江教育在线第二届“我的教育理想”读书征文比赛一等奖）

回归常识的教育才是正道

读完汤勇的新著《回归教育常识》，我仿佛聆听了一堂生动有趣的教育常识课。作为一名基层的教育局局长，作者对回归教育常识深切呼吁并身体力行，用自己的实际行动改变着一个区域的教育生态。书中，作者用大量鲜活的事例和真知灼见，诠释了一个朴素的道理：只有真正回归教育常识，才能拥有美好的教育。

“没有阅读就没有真正的教育”“教师应该成为终身阅读者”。而在现实生活中，本应是最需要读书的教师群体，阅读状况却堪忧，许多教师的阅读仅限于教材、教参、教辅或者一些消遣性的书籍，专业阅读几乎为零。教师不阅读就很难培养出真正热爱阅读的学生，自身的专业成长也会因不读书而缺乏后劲。

面对这样的现状，汤勇深为忧虑，他“先行一步”带头实践阅读，让教育局局长有个“读书人”的样子。无论工作多忙，他都要抽出时间来读书，每天坚持阅读，已成了他工作中的一种常态。在阅读与思考的基础上，他坚持不懈地写作，做局长十年，一年一本专著。

他希望以自己的阅读姿态带动校长、教师投身阅读。在多年的实践中，汤勇有了这样的认识：“校长成长的快慢，学校变化的大小，教育发展水平的高低，甚至师生的精气神儿和幸福指数，都取决于校长读不读书、读什么样的书，用不用心引领师生读书。”只要培养出一大批爱阅读的校长队伍，推动教师阅读就有了“关键先生”。他把推动教师阅读和促进教师专业成长结合起来，制定了阆中教育的行动目标。于是，首届“教师阅读与专业成长高峰论坛”落户阆中，朱永新、吴非等教育名家走进阆中指导教师阅读。作为教育局局长，汤勇不遗余力地推动阆中“书香校园”的建设，让书籍主动“闯入”师生生活。图书从图书室里被“请”了出来，师生随手可拿、随地可取、随时可读。在阆中，无论城市乡村，无论学校规模大小，最吸引师生眼球的是遍布校园各处、形态各异、漂亮美观的开放式书架、书橱、书壁。经过十几年的不懈努力，阆中教师的教育观念得到了转变，教师的行为方式发生了变化，精神面貌有了很大的改观，阆中教育也步入了“快车道”。

有了爱阅读的校长和教师，才能更好地让阅读点亮孩子的心灯。汤勇认为，教育的根本任务是培养学生的阅读兴趣，帮助学生养成阅读的习惯，让学生具备最基本的阅读能力。正是有了这样的教育追求，阆中的教育赢得了广泛赞誉，被朱小蔓等专家认为“破解了乡村教育发展的难题”。

对教育中存在的一些习以为常的反教育行为，我们是熟视无睹，还是在反思中改进，这考量着教育者的智慧，也关系到教育“微生态”的改善。在许多中小学，考试科目受重视，非考试科目被冷落，这俨然已成为一种“潜规则”。事实上，那些被冷落的学科，比如音、体、美，对学生综合素养的提升是非常关键的。作者在《不能再占音体美的课了》一文中，对此进行了反思，提出化解之道。当前，国家对学生的综合素养越来越重视，改进美育教学已经写入了党中央全会的公报。“我们如何来重新审视音体美?”作者提出了自己的思考。

最近，由于某校对违反校规带手机进校园的学生进行了除名处理，又一次引发了人们对“手机进校园”这一话题的关注。今天的智能手机，已发展成为非常重要的移动学习终端，成为最便捷的获取资讯的工具。如何管理好学生的手机，已成为当前教师面临的一大挑战，考量着教师的教育智慧和管理能力。作者不回避这一现实问题，提出了“何必把学生的手机当成洪水猛兽”的观点，认为治理学生手机问题，堵已经行不通了，关键是要规范管理，不妨让学生也一起来参与规则的制定，这样有利于形成学生之间的“自我约束”。

面对今天教育中存在的诸多问题，作者认为，必须处理好理想和现实的关系，在立足现实的基础上，心中要有追求理想的信念。面对教育不计成本，片面追求考试成绩、分数和升学率的现状，作者认为这其实就类同于政府部门片面追求GDP。汤勇认为，教育应该追求绿色GDP，建立全面的质量观，除了让学生学好知识，获得相应的分数外，还要培养学生健全的人格、健康的身体等多方面的素质，实现学生各种素质的协调发展，鼓励学生的个性发展。

如今，家长让孩子接受优质教育的呼声越来越高，但关于“什么是优质教育”的观点并没有达成共识，许多家长为了让孩子接受好的教育而选择学校，为了能进“好学校”，家长不惜牺牲孩子的幸福，利用课余时间疯狂为孩子补课。汤勇认为：“好的教育就是适合孩子的教育。”如果这一点能够得到社会认同，那么教育良好生态的形成就有了好的社会氛围，孩子们能够过上快乐而幸福的学习生活也就不再是梦想。

作者不仅关注教育的大问题，也非常注重教育的细节，比如“如何打造一间幸福教室”“教育，需从文化做起”“劳动教育是最好的生活教育”等，都是从细节入手回归教育常识。

我们每一位教育人都应该成为教育常识的捍卫者。正如朱小蔓教授在本书序言中指出：“在教育大变革的今天，在充满浮躁和喧嚣的环境中，没有什么比坚守教育常识、践行教育常识更重要了。”

（本文于2016年5月22日发表在《中国教育报》，2017年4月获得“大视野杯”浙江教育在线第三届“我的教育理想”读书征文比赛一等奖）

在自我调整中享受职业幸福

在很多语境中，忙和累似乎已经成为当下中小学教师的生活常态。如果教师能达到忙并快乐着的境界，这样也不算太糟糕。而为数不少的教师则是忙并痛苦着，累并心苦着。从这个角度来看，网络和各类社交群里的教师的吐槽也可以理解了。现实中，心累更是多数教师面临的境况。因此，《轻松做教师：教师心理疏导实用手册》这本书就书名而言就有着很大的吸引力。那么，在当下，轻松做教师真的能做到吗？

前些年在北京召开的国际心理学大会指出，教师由于助人的职业性质，是相对容易出现职业倦怠的群体。与职业倦怠相伴随的，往往是教师的心理健康问题。教师的心理健康状况不仅关系到自身，还关系到学生，学生的师源性心理问题的产生说明了教师心理健康的重要性。另外，教师还扮演着学生心理健康促进者的角色。因此，从教师的职业性质来说，教师需要切实提高自身的心理健康水平，主动加强自己的心理建设，让自己不再心累。

《轻松做教师：教师心理疏导实用手册》的主编傅宏教授，是国内著名的心理学专家，长期从事学校心理健康教育工作，对教师心理健康有着深入的研究。2001 年，我大学毕业后进入中学从事学校心理健康教育工作时，就已经读过傅宏教授的不少文章。尽管有很多的研究显示教师的心理健康状况不容乐观，但权威的数据也不多。1999 年 4 月，国家中小学心理健康教育课题组发布的一个数据，近年来还是被媒体改头换面地引用。教师中的确存在心理问题严重的现象，但这毕竟是少数，绝大多数教师的心理问题通过自我调节或者积极求助就能得到解决。本书精选教师中常见的心理困惑，用心理学的观点展开讨论，不少还辅以心理自测问卷，可以帮助教师进行自我诊断，并提供应对策略，帮助教师做好自己的心理医生。这是一本名副其实的教师心理疏导实用手册。

中小学的心理健康教育主要是发展性的心理健康教育，学生出现的心理问题大多是发展性的心理问题。教师出现的心理问题，大多也并不严重，如果能进行及时的自我调节，往往能得到解决。本书共分“心理调节篇”“师生关系篇”“家庭关系篇”和“事业成就篇”四个部分，第一部分其实就是总体上的关于心理调节的一个综合性的说明，另外三个部分则有具体的指向，因为这三个领域的关系处理不好，教师往往会身心疲惫。

现实中，好的关系胜过好的教育，教育学首先是关系学的观点越来越得到认同。现在师生关系也成为一个最为突出的问题，《人民教育》曾以师生关系为主题进行年度聚焦。而在师生关系的构建上，教师无疑是主动的一方。在师生关系篇中，提供的案例都是具有共性的，对教师而言有很大的启发意义。比如《“苦口婆心”遭遇“置之不理”》一文就非常具有典型意义。这个案例主要是针对教师的辛苦付出得不到学生的理解和支持，久而久之就会出现习得性无助感。增强自我效能感和进行合理归因，可以帮教师走出习得性无助。而习得性无助也是学生会碰到的一种常见的心理困惑，教师能在这方面进行自我调节，也能指导学生走出习得性无助。又如《用智慧化解师生冲突》也非常具有针对性，因为师生冲突具有不可预见性，教师如何避免冲突的升级，进而有效化解冲突，也是教师的一项基本修炼。

和美的家庭关系对每一个人来说都是很重要的，教师同样如此。因此，教师如何扮演好自身的家庭角色是非常重要的。现实中，有些教师把教师的职业角色带到家庭中，引发家庭关系的不和谐。有的教师教育不好自己的孩子，造成亲子关系紧张。本书中的《在家庭生命周期中调整自己的角色》《家庭中警惕“职业病”》《在家与校之间的舞蹈》等案例，对于让教师如何在教师角色和各类家庭角色中的自如切换，具有很好的指导意义。教师扮演好自己的家庭角色，能更好地享受家庭之乐的话，则能更好地投入到工作中去。否则，教师时刻为家庭关系所困扰，必然会影响自身的教育教学工作。

现在的教师面临着较大的成长压力，有着各种各样的考核。如果教师处理不好这些问题，也会造成巨大的心理困扰。书中这一部分的内容，就教师如何提高自我效能感，增强自信，提出了很多建议。另外，如何处理身体健康和专业成长，让自身不要过于劳累，警惕身体发出的信号，也是教师值得关注的问题。现在，教师的职业倦怠越来越受到各界的广泛关注。本书也直面这一现状，但把职业倦怠作为教师再成长一个很好的资源，引导教师把不利因素变为有利因素。这其实也是巧用积极心理健康教育理念的具体体现。一个在专业成长上取得成就的教师，会更有自信，更有效能感。而职业幸福，也必将进一步促进教师的专业成长。

对于教师的心理健康而言，进行自我调整是第一位的。尽管每个人的心理问题各不相同，但从教师的职业来看，也存在一定的共性。本书其实是提供了一种案例式的自助学习资料。教师可以从局外人的角度去看待这些案例，通过专业的解读，了解类似心理问题的化解方式。这样，当自己再碰到类似的困惑时，自然就有了应对的方式。

如果一个教师能轻松做教师，必然能提升自己的职业幸福感，做一个幸福的教师。一个幸福的教师，必然能教出更多幸福的学生。

教师有了心理调节的意识，提高了心理应对的技巧，就能更高效地应对可能面对的压力和挑战，帮助自身克服这些心理困惑。从积极心理健康教育的视角来看，有问题并不可怕，在应对问题的过程中，增加积极的力量，提升整体的心理能量。

因此，教师不妨向《轻松做教师：教师心理疏导实用手册》一书取经，相信这本书能让更多的教师获得成长，做辛苦不心苦、忙碌不烦恼的“幸福成长型”教师。

（本文于2018年4月获“大视野杯”浙江教育在线第四届“我的教育理想”读书征文比赛一等奖）

做“知行合一”的“良知”教师

2017年8月底，我在《中华读书报》上看到一篇《为什么今天我们还要读王阳明》的文章，得知曾多次登上过中央电视台《百家讲坛》的郦波教授新出了本《五百年来王阳明》。于是，我就第一时间在网上买了一本。

王阳明在我的印象里就是一个历史人物，他的《传习录》被钱穆先生推荐为中国人加强自身修养必读的七本书之一。因为钱穆的推荐，我也买过《传习录》，但并没有静下心来好好读过。而《五百年来王阳明》是关于王阳明的一本人物传记，是用现代人的口吻叙说的，通俗易懂。读完《五百年来王阳明》一书后，王阳明原来的形象在我心中顿时丰满和高大起来。我原先只知道王阳明是文人，是心学的集大成者。认真读完此书后，才知道王阳明居然能文能武、谋略超群，能把多年的匪患彻底肃清，甚至还能以少胜多、平定王爷的叛乱，拯救大明王朝于危难之中。

现在有一个说法，儒家历史上共出过两个半完人，孔子算一个，王阳明算一个，另外半个是曾国藩。这也足以见得王阳明的历史影响力。可以说，王阳明是中国历史上知识分子“立德、立功、立言”完美结合的典范。

作为教师，完全可以向王阳明汲取智慧，向他学习做一个好教师。

一、做内心光明且有担当的教师

做一个好教师，首先要成为一个好人，一个心态阳光且有担当的人。王阳明尽管出身官宦之家，少年聪慧，但一生经历坎坷，曾遭廷杖、下诏狱、贬龙场，生活在毒瘴之地。后来，他平定了匪乱和谋反，立下赫赫战功，但功高被忌，甚至被诬告谋反，受到专制皇权的打压。

可以说，在他的一生中遭遇过很多的黑暗经历，但他都挺过来了，并且在学问上不断精进，创立了完善的心学体系。他临终前说的“此心光明，亦复何言”很让人震撼，意即“我这颗心是光明的，那就够了。”王阳明的“致良知”最伟大的意义就在于让人们摆脱外在的桎梏，听从自己内心光明的声音。

教师拥有一颗阳光的心，有强大的心理素质，这是非常重要的。因此，注重修心，让自己的内心变得更加光明和强大，是教师应该努力的方向。

王阳明的学说，倡导树立正确的价值取向，勇于担当，敢于负责。他的观点和儒家是一脉相承的，那就是积极入世，终极追求是担当而不是个人的解脱。

从王阳明那里，我们可以学到个人如何超越自己，战胜艰难困苦，成为一个真正优秀且有价值的人。这既可以成为教师的自我追求，同样也应该成为教师引导学生努力的方向。

今天的教育有着很多的不足，如何用积极的心态去看待，是每一位教育人必须正视的。同时，作为教师，要有责任和担当意识，不能小看了自己的作用，要成为推动社会发展的“微力量”。

做一个内心光明而且有担当的教师，是王阳明给教师的第一个启示。

二、做以“教书育人”为志业的教师

众所周知，孔子是中国教育界的祖师爷，如何向孔子学做教师已有不少人的论述。王阳明也是一位名副其实的大师级人物，特别重要的一点就是他平生最爱的事情是讲学，他给学生讲，给乡民讲，给官员讲。在讲学的地点上，他也不拘一格，在书院讲，在旅行途中讲，甚至还在战争的间隙讲。在他自己看来，他的第一身份就是教师。他的粉丝甚众，读书人、老百姓、士兵、官员等都为他的学问所折服，甚至有不远千里特来拜师的学生。因此，向王明阳学习如何做教师是非常靠谱的。

教师首先应该加强职业认同，热爱自己的职业。选择了一种职业，就是选择了一种生活方式。王阳明希望自己成为像孔子一样的好老师，来改变人心，感化人心。他认为教师是社会的良知，要成为社会道德规范的楷模。从这个意义上说，今天教育行政部门和学校重视师德建设是非常有必要的。

王阳明认为，每个人心中都有良知，要启发、引导它出现。从这一点上说，教师不要抛弃任何一个学生。从因材施教的角度来讲，教师要针对不同的学生，采用不同的方式。比如现在所谓的“德困生”并非不可救药，可以通过唤醒他们的良知，积极转化他们。这就对教师的教育艺术提出了更高的要求。

做教师，就要认同自身的职业生活方式，王阳明给今天的教师树立了很好的榜样。

三、做在“事上练”中不断成长的教师

王阳明认为，做事最坚实的基础，一是自己的学养，二是具体问题具体分析。这对教师的成长是很有启发意义的。教师是一个需要终身修炼的职业，提高自己学养的同时，需要在具体问题的解决中提高水平。其实，在具体问题的解决中提高水平就符合王阳明提出的“事上练”的观点。他的“事上练”认为，“碰到事不怕事，刚好事上练”。日本著名企业家稻盛和夫提出来的“工作即修行”观点的源头其实就是“事上练”。

对教师而言，就是要在日常的教育教学工作中提高自己的修行。从教师的知识结构来看，包括学科知识、实践性知识和支持性知识。尤其是实践性知识，必须在实践中得以提升。教师教学水平、育人水平的提高，都离不开具体的实践。

对于公开课、观摩课，教师需要投入很多的时间去准备。有些教师因为怕麻烦，不愿承担公开课的任务，其实就失去了成长的机会。现在，很多人不愿意担任班主任，因为班主任琐事多、压力大，而当班主任恰恰是提高教师专业水平很重要的路径。如果教师确立了“事上练”的理念，对在学校工作中挑重担有了更理性的思考，也就能在具体的“事上练”的实践中加快自己的成长。

“事上练”更重要的是要做到“知行合一”。大道理很多人都会说，只会说不会做是没用的，而有些人想做，却又没那个能力做也是没用的。“知行合一”的作用就是既回到一个崇高的价值归宿，又可以找到那个潜在的自我再出发。加强日常修炼，找到良知良能，放出巨大的能量，可以使自己不断地成长。

做一个在“事上练”中精进的教师，这也是王阳明带给教师的启发。

“心外无物”“知行合一”“致良知”，王阳明的心学思想，是我国古代思想文化的瑰宝，其中有很多智慧仍值得我们去分析、学习。让我们跟着这位大师修行，做“知行合一”的有“良知”的好教师。

（本文于 2017 年 12 月获浙江省第十二届教师读书征文比赛一等奖）

“暖男型”教育者是学生的福音

吴志翔先生的新著《教育是柔软的》对我来说并不陌生，因为书中的文章大多在《浙江教育报》等媒体上陆续刊登过，但一股脑儿读来还是非常有味道的。这本书围绕作者对“理想教育”的思考和追求，凝练了“教育是柔软的”这一核心观点。

本书中《最好的教育者是“暖男”》一文最初在《浙江教育报》上刊发，后被多家教育刊物的微信公众号推送。作者认为，教育乃是一种柔性智慧。教育者，不论是父母还是教师，都要有一颗“赤子之心”——懂得体贴孩子的心灵需求，还要有一点“妇人之仁”——尽可能地展现柔软和慈爱。越是伟大的教育家，越是有教育情怀的人，就越是拥有“赤子之心”和“妇人之仁”。用今天的话来说，最好的教育者大多是“暖男”（超越性别），而不是有着“匹夫之勇”的“愤青”或“怒汉”。

什么是“暖男型”教育者？作者理解为有着无尽耐心、不惮琐碎烦劳、懂得宽容等待、始终温暖和煦、永远温润如玉。

试想，当教师和父母是“赤子之心”和“妇人之仁”的完美结合时，对孩子来说是多么幸运呀。在教育中采用刚性方式，往往会取得适得其反的效果。不少教师和父母并不真正懂孩子的心，以“我为你好”的名义做了很多伤害孩子的事。

“震撼人心”和“润物无声”是两种不同的教育方式，而“润物无声”应该成为学校教育的常态。能“直捣黄龙”当然是教育者的一种本领，但作者认为教育效果大多是曲折（间接、延宕、反复）实现的。这样的优美曲线是很值得我们欣赏的，因为那曲线里凝聚着教育的智慧。

作者认为，教育者眼里必须揉得进沙子，胸中必须装得下错误，心里必须容得下瑕疵和缺陷。我非常认同这一点，因为成长中的孩子难免会犯错误，教育者没有必要揪住错误不放，有时候甚至要有“难得糊涂”的境界，给孩子自我纠错的空间。

作者任职教育媒体20多年，现在又是一位小学新生的父亲，在陪伴孩子的成长中，他对各类教育现象和问题的看法自然更有“儿童立场”。

从《为教师声辩》到《我们热爱什么样的教育》，再到《教育是柔软的》，作者写作时的风度从起初时“指点江山”到后来变得“畏畏缩缩”，因为日益认识到了教育的复杂性。

在父亲这一角色上，我和作者有着差不多相同的经历：女儿也在上小学一年级，也因为是零起点教学，需要有强大的定力。因此，我会在阅读中与作者产生共鸣。要做“暖男型”教育者，首先要坚守正确的教育理念。作者进一步提出，教育的终极使命在于“人的完成”，我们每一位教育人都应该首先促成自我的完善，用那一束理想之光来照耀教育人生。

最近在华东师范大学举办的“推进教育现代化，建设高等教育强国”高峰论坛上，有学者指出应该坚持“理念先行”，因为社会变革和人类进步是在新理念推动下实现的，而目前中国社会尚未形成符合教育规律的正确理念来引领大众的教育行为。

比如尽管教育行政部门大力推进零起点教学，但这剂药方并没有发挥预期作用，“抢跑”成了一种常态，学业竞争的压力早已前移到幼儿园。于是，有些家长发出了“零起点的孩子好憋屈”的感慨。

作者在多篇文章中谈到当下“减负”难的问题。他觉得主要原因是“减负”还没有成为全民共识和自觉行动，这背后跟没有健全的教育理念支撑有很大关系。面对教育生态中的浮躁之象，作者有时候会心生悲凉，感到自己这么多年来的教育理念随时会有崩塌的危险，这说明坚守教育理念的不易。

在作者看来，父母就是孩子的起跑线。只要家庭教育到位，没有一个孩子会成为失败者。如果父母把培养孩子自主的生活习惯和良好的学习态度看得比学一点知识重要一百倍，不用强迫的方式驱使孩子投入所谓的学习之中，绝不揠苗助长，绝不涸泽而渔，懂得等待，不徒然焦虑，不盲目跟风，如果越来越多的父母能从更新教育观念、提升教育理念做起的话，那么孩子自然不会有那么大的压力了。当然，在入学、就业等方面优质资源紧缺的当下，竞争是不可避免的。但是，正如作者所言，今天的痛苦换不来明天的幸福。只有给孩子幸福的体验，才能让他们对未来保持美好的向往。如果更多的父母能认识到这一点，那么更多的孩子在今天的境遇自然会好一些。

“身为教育人，都应该坚持这个基本的判断，那就是：不管怎样，只要学生把上学视为畏途，那就是教育的失败；只有当他们把校园看成乐园，才是教育的成功。”作者的这句话，值得我们每一位教育人深思。

（本文于2017年6月9日发表在《浙江教育报·教师周刊》）

教育发展需凝聚各方“微力量”

教育作为一项民生工程，备受各界关注。台湾企业家严长寿的《教育应该不一样》，用一种跳出教育看教育的视角来审视各种教育问题。这本书虽然是写台湾地区的教育的，但里面的很多内容，比如学科至上、成绩第一，凡事求标准答案等，对我们而言并不新鲜，因为这些问题同样普遍发生在我们的身边。

作者提出的“共错结构”很值得我们思考。在当下，很多人对教育不满意，谁都可以对教育说三道四。但是身处其中的每一个人都有责任，必须共同承担，只有我们真正认识到了这一点，并从自身的改变开始，教育才真正可能向更加美好的方向发展。

在书中，作者对家长、教师、学生各个群体以及职业教育存在的问题进行了具体的剖析，认为教育和文化应该优势互补，并用教育来拯救文化的未来。

作者作为一名资深的企业高级管理人员，是教育终端产品的“消费者”。从这一点上说，他对教育弊端的认识是有深切体会的，因此，他也能超越教育人的局限对教育进行更深入、更彻底的反思。

家长是推行教育改革的最大阻力。如果这个观点是教育人提出来的话，往往会被公众视为推卸自身的责任。但作者作为企业管理人员，能作出这样的判断，显然超越了本位主义。作者认为，在台湾家长的心目中，不要让孩子输在起跑线上、膜拜升学主义、要让孩子捧铁饭碗、教育目的单一、父母对孩子不放手等观念，海峡两岸的父母居然是这么惊人的一致。作者认为，如果家长的观念不改变，教育是很难发生变革的。2013 年，《人民日报》也曾刊发过《教育改革从家长教育开始》一文。可见，从海峡两岸的教育现状来看，让家长真正改变观念是教育改革所必须面对的，同样也是不容易的。

2015年1月10日，《新文化报》刊登了《小学生期末考试数学考96分，家长称输在起跑线》一文。因为小学一年级的孩子在期末考试中数学考了96分，父亲就把孩子列入了后进生的行列，称孩子输在了起跑线上。这篇文章经网络传播后，引发了广泛关注。这位家长的观点虽然有点极端，但在现实中的确有很多家长有类似的心态。

同样，教师也应该成为让教育更美好的一种积极的推动力量。作者在书中以“教师可以更勇敢”为主题对教师提出了殷切的期望。现实中，台湾的教师发展也存在一定的问题，比如不胜任的教师没有退出机制。根据作者统计，每年教师的淘汰率为万分之一点八。这样的机制的确会让那些混日子的教师过得很安稳，也会影响那些敬业的教师。作者还引用了这样一个事例，在某个调查中，台湾的数学实习教师不想继续教书的比例与其他国家和地区相比，名列前茅。但是，不想继续教书的教师并不意味着他们不教书，他们往往把终身保障作为当教师的目的。缺乏职业认同的教师们，自然很难迸发出教书育人的热忱。

其实，在大陆，很多教师也存在不同程度的职业倦怠，不少教师仅仅将教师职业作为了谋生的工具。正如作者所言，如果不改变教学策略和教育方式，再多的教改方案也不会成功。的确，教师是落实教改措施、推动教育发展的“最后一公里”，没有教师的发力，教改和教育发展往往只是空中楼阁。

“教师最重要的工作，是帮助学生挖掘并找到他们自身的天赋，看出每个学生的独一无二”，作者对教师核心价值的定位是恰如其分的。北京市十一学校的李希贵校长认为，教育的使命就是发现。因此，教师除了关注学生的学习成绩外，还应该挖掘更多学生在其他领域的天赋，让学生能有更多的成功体验。否则很多学生在学校没有成就感和归属感，会逐渐厌学，甚至会跟学校和教师对立。正如作者所言，教师的力量是微小的，却也是巨大的。因为每一位教师，在自己的范围内，还是可以为学生的多元发展做出积极贡献的。

很多教师把当下教育中存在的一些问题都归咎于体制原因。其实，教师可以避免“平庸之恶”，可以在自己的能力范围内有所作为，尽可能为学生的成长搭建各种平台。而且，对于家长和学生中存在的问题，教师也应该进行必要的引导。

作者认为，台湾地区过去的文化优势必须转化为未来的核心教育元素。今天，我们也正大力倡导传统文化进校园，让优秀的传统文化夯实成长的精神底色。

推进教育改革，让教育变得更美好，这是时代赋予我们这一代人的使命。作为专业教育工作者的教师，往往也同时扮演着家长的角色，要进一步认识到自己的责任和担当，除用心做好教师外，还要尽可能地影响家长，发挥家校合作的协力，成为推动教育发展的“微力量”。

（本文于2015年2月11日发表在《东方教育时报》）

阅读之旅也是教师的成长之旅

读完张贵勇的新著《阅读的旅程：教师专业成长地图》一书，我又一次领略到了阅读的无穷魅力。尽管近年来自己对教师阅读非常关注，也出了一些成果，但阅读了这本书后，让我可以站在更高一级去看待教师阅读。对于教师而言，阅读之旅就是自身的成长之旅，这是我读这本书的最大感受。

张贵勇曾担任《中国教育报·读书周刊》编辑、记者，对教师阅读有着深入的研究，经常撰写相关主题的文章为推动教师阅读呐喊、助威。我也因热爱教师阅读而与他在网上结识，在北京和他有过一面之缘，并一直保持着联系，因此，阅读此书顿生一种亲切感。

由于作者常年组织全国教师暑期阅读活动，近距离接触一线的名家、名师，采访区域和学校教师的阅读状况等，让这本书有了很多干货，既有阳春白雪的高雅，也有下里巴人的亲切，读来异常亲切，常常生出许多共鸣。这本书是他以教育媒体编辑的视角来审视教师阅读，对教师阅读现状的分析、对教师阅读方法的指导都很有针对性。教师跟着这本书开启一段阅读旅程，非常有助于自身的专业成长。

近年来，《新华每日电讯》《光明日报》《现代教育报》等多家媒体对教师阅读不理想的状况进行了重点关注。但是，几年过去了，教师在阅读上的短板依然是“涛声依旧”。2014 年 8 月，上海市发布了《中小学幼儿园教师阅读状况调查报告》，该调查对象为上海市 17 个区的 3411 名教师，具有样本大、代表性强的特点。调查结果依然让人很悲观。

问及教师常常以工作太忙作为没时间阅读的原因，作者借名师的成长故事，证明了工作忙碌绝不是拒绝阅读的理由。全国著名特级教师华应龙的“因为不读书，所以很忙碌”的观点很值得反思。吴非、闫学、窦桂梅、王崧舟、吴正宪等人成长的捷径无不是受益于阅读的。那么，教师阅读的时间从哪里来？其实，这些名师都有着强烈的内在阅读动机，他们把阅读作为自己的生活方式，阅读就像呼吸一样自然。长时间的阅读积累，铸就了他们的成功。对于教师而言，阅读是一种生活态度，是自身的必修课，也是自身不能停歇的脚步。这一点值得每一位教师思考并付诸实践。

书中内容涉及很多当下的热点问题，如网络阅读与纸质阅读的关系如何处理、一线教师如何出书、教师如何撰写书评等，都具有很强的针对性和现实性，这些问题对于行走在阅读之路上的教师同样有着很强的方法论意义。

该书的另一大亮点就是对童书的关注。客观地说，对于现在的很多成年人来说，往往缺少对童书的关注，教师也不例外。这样，教师就很难为自己的孩子和学生选择推荐优秀的童书。作者在书中强调了童书阅读的重要性，并推荐了一些优秀的童书。作为爸爸的我从中补了很好的一课。作为教师，只有关注童书、了解童书，才能更好地走进孩子的精神世界，引导他们的成长。作者也用较多的篇幅介绍了科普类的书籍，这一类的书往往更容易受到忽视。如果一个人从小缺少科普类书籍的阅读，长大后也不大容易形成阅读科学类书籍的习惯。

教师的阅读，不仅关系着自身的专业发展和精神成长，还影响着学生的阅读。教师如何指导学生阅读，这不仅仅是语文教师的事，同样也应该成为全体教师的事。今年 9 月，新教育研究所等单位在北京市十一学校发布了幼儿园到高中的学生阅读书目，书目涉及文学、社科、哲学、科普等类别，引起了公众的广泛关注。这也对教师阅读提出了更高的要求，教师自己不读书，很难对学生的阅读进行指导，很难成为学生阅读的推动者。从某种意义上说，教师在阅读上应该有补课的意识，补上自己学生时代所缺失的阅读。

作者自身就是在阅读中成长起来的，充分享受了阅读的快乐。这两年来，他出版的《读书成就名师——12 位杰出教师的故事》《真正的陪伴——爸爸教育孩子的9个关键词》都非常畅销。这与他自身的阅读积累是分不开的。

“对于个人而言，阅读是一种生活态度；从社会角度而言，是一种生产力。”作者对阅读的论断很值得回味。对教师来说，要有一种再出发的心态，有一种在路上的自觉追求，因为阅读就是一把钥匙、一扇窗、一条路，走在阅读的旅程上，会看到极其美妙的风景，且自身也会变成风景的一部分。

（本文于2014年11月5日发表在《东方教育时报》）

不妨做美好教育的建设者

张文质老师的《张文质说1：教师的“微革命”》一书的书名契合了今天这个“微时代”，教师同样可以成为“微革命”的主角。

一、在立足现实的基础上修炼自己

只要稍加留意，就能发现很多教师对当下的教育环境很不满意。张文质老师认为，教师应该少抱怨，可以在力所能及的情况下做得更好。他的话说得很形象：“即便是应试教育，教师也可以让它变得更温情一些。”客观地说，教师个体确实难以改变教育政策和社会环境，但教师在自己的职责范围内是可以有所作为的。张文质老师强调教师的职业认同，并在此基础上增强自身的使命感。比如教师可以把教学过程变成一种研究过程，把教学工作变成教学生活，这也是教师对职业认同的一种具体体现。

事实上，真正成为一名好教师并不容易。张文质老师在书中谈到的教师的底线，要求并不低。的确，每一位教师都应该“想大问题，做小事情”，从自己可以做的地方做起，从可以改变的地方做起。很多教师在抱怨教育环境恶劣的时候，也在用自己的实际行动加剧了这种恶劣。

比如很多调查显示，学生讨厌教师的情形之一就是教师拖课，不拖课是每一位教师都可以做到、可以改变的，但是这么多年来拖课现象并未杜绝，这也说明很多教师缺乏对自己行为的反思。

张文质老师对教师的理想形象也有明确的表述，比如教师要成为手艺人，要成为有趣的人、友善的人、有助益力的人、有创建力的人、有第二种生活力的人，要追求自己的作品，尤其是文化作品，成为有影响力的人。选择了一种职业，就选择了一种生活方式。但教师究竟想成为一个什么样的人，能否达到张文质老师所说的理想境界，关键还在于教师个体。

教师仅有丰富的知识还不够，必须要有实践智慧。需要不断地把自己的知识转化成为现场教学过程中解决问题、促进思维、鼓励学生成长、化解矛盾、升华智慧的一种素养。他认为这个素养就是教师的看家本领，教师这个职业得以变得有意义，是和教师的临场智慧联系在一起的。

张文质老师提到，到任何一个国家，小学教师往往都是知识面较为宽广、品行较为端正、为人较有耐心、看上去很儒雅从容的人。小学教师尤其不能小看自己，应该看到工作背后的意义。他也举了个很形象的事例，现实中有很多小学教师看不起自己，常抱怨：“我那个小学太糟糕了，我太不幸了，我太遗憾了，我这辈子完了。”他又进一步阐述，没有人强迫你要在这里当小学教师，但是你做了，又从来不能从这个职业中感受到人性的美好，不能感受到职业的尊严，不能感受到自己的工作能启迪那么多人的意义，你又怎么能成长呢？

教师是一项需要终身修炼的职业，真正成为一名好教师并不容易，在立足现实的基础上不断修炼自己，应该成为每一位教师的“必修课”。

二、在关注童年中呵护学生

在书中，张文质老师多次提及了童年的重要性。比如成年后产生的诸多问题，往往是童年的时候出了问题，因此守护好童年非常重要。

对于童年的重要性，他是这样表述的：“人的一生，童年是最可信的。你童年受到什么教育，你童年时别人怎么对待你，你童年所受到的一些启迪，是很难改变的，你做决定的时候，往往是你的经验、你的童年、你的某一些素养在起作用。”而一个人的童年时代，教师恰恰是他的重要他人。根据国际通行的说法，18 岁以下都称为儿童。可见，目前我国的中小学和幼儿园教师，面对的都是儿童，都应该成为儿童成长中的呵护人。现实中，师生关系不够和谐也是值得教师反思的，毕竟教师是师生关系构建的主导者。

现在的教师，也是从童年走过来的，经历过幸福或不幸福的童年。张文质老师进一步阐述，现在凡是跟学生、家长冲突比较严重的教师，并不是他“现在”的师德问题，往往是因为他的童年有问题，他童年是在不安全、得不到肯定、得不到理解的环境中成长的。

从某种意义上说，童年受到的某种挫折、伤害、焦虑，形成了生物疤痕，你一遇到这种情景，就会发作。如果教师能从这个高度来认识童年经历的重要性的话，就应该注意自己的教育教学方式，避免给学生带来伤害。

张文质老师还进一步阐述了教育对于童年的重要性。教育给一个孩子的童年最重要的启迪是什么？他认为，丰富的、健康的、多样的文化，就是给人一生最好的启迪。因为这种财富是属于你人生的，无可变更的。也就是说，考虑给孩子什么样的文化童年，这就是教育的命脉。

近年来，《中国教育报》每年都会举行“十大童书”的评比，这说明优秀童书对人的一生发展具有非常重要的意义。张文质老师认为教师尤其是小学教师也应该看童书。他在书中提到，教师无论教小学的哪门学科，都应该读过50本以上的童书。这样，教师才能更好地走进孩子的心灵世界。的确，呵护童心，站在儿童的立场来思考问题，这是值得教师关注的现实问题。原国家督学成尚荣多次撰文指出儿童研究的重要意义，甚至认为研究儿童应成为教师的第一专业。

因此，教师应该呵护儿童，在研究中真正读懂儿童，成为他们成长路上的引路人。

三、在坚持阅读中完美教育

本书中专门谈阅读的内容不多，但书中不少文章都谈及了教师阅读的重要性。张文质老师大力呼吁教师要随身携带书，他自己是身体力行的，也多次在不同的场合强调，教师多阅读是解决很多问题的有力武器。他在书中提道：“教师还在读书，这是教育的希望，也是我能够给予课堂最大的期待。”他还提道：“走了那么多的学校，发现不读书的人简直多得不得了。”正因为如此，他觉得，今天的教师知识面太窄了。这样看来，他倡导的“一本书主义”也就有了别解，那就是一年至少得读一本书吧。试想，作为以教书育人为天职的教师，一年连一本书都不读，真的是说不过去了。对于不读书的教师而言，“一本书主义”也算是行动的标志了。

在书中，他关于教师阅读的论述包括：“做一个教师，如果你不读书，几乎是无以为教的”。“教师要想成为一个手艺人，就要把阅读变成习惯，把阅读变为生活，把阅读变成每天的功课。”“教师的创建力跟阅读总是联系在一起的，见多才能识广，或者说见多了才能有所创新。”

正是因为对阅读的重要性有着清醒而深刻的认识，张文质老师认为，阅读可以让人重新获得身份的认同，获得一种自我滋养的力量。从这个角度讲，他觉得阅读能够帮助我们去理解人性，而理解人性最重要的意义在于：通过它，我们才知道怎么当老师——是用更恰当的、更理性的、更符合教育本真的方式。由此产生进一步的思考，跟这个体制不是对抗，而是共融、共生、共存的状态。可见，阅读能帮助教师们更好地读懂这个社会，理解个人的使命，进而迸发出积极的能量。

关于教师应该读什么的问题，不同的人有不同的说法。张文质老师在读什么的问题上是比较务实的、是接地气的，这跟他常年深入学校，经常和一线教师密切接触有关。对于教师的阅读来说，首先应该让教师有“获得感”，尝到甜头，才能进一步激发教师的阅读热情，这样才能逐渐培养教师静心读经典的耐心。

“读书会成为任何一个有教养的人一生最重要的生活方式”，希望更多教师能看到张文质老师这句关于阅读的经典话语。

期待我们每一位教师都能从自身做起，拥有建设者的心态，成为一个积极进行自我改善的人，同时将这种积极的心态传播给周围的人，影响他人。我们都可以成为践行教师“微革命”的积极力量，都可以努力成为正向的建设者，那么我们的教育也必然会朝着美好的方向前进。

（本文发表在《福建教育·德育版》2016 年第 10 期）

成长应成为教师的自觉追求

在书店看到《从新手教师到课程领导者》一书时，我就被吸引住了，立马把它收入囊中，先睹为快。

这是一本非常有特色的书，作者是来自中国香港的教育工作者，当过一线教师，并在政府教育部门从事过与课程相关的工作，之后在华东师范大学师从钟启泉教授攻读教育学博士。这本书是在作者博士论文的基础上成书的。本书以研究者的视角，用叙事的方式，对一位优秀青年教师M的专业发展过程进行了描述，既有理论的高度，又有实践的支撑，是一种田野式的研究，读来非常有味道。

通过阅读此书，我们可以管窥香港教师专业发展的一些情况，并对香港的教育情况有初步的了解。作者在书中提到，在学者的眼中，教师的专业发展是教育的重中之重；而在教师的眼中，教师的专业发展是为了迎合政策的需要。从这点来说，香港和内地存在类似的状况。而教师喜欢操作性的培训，对理论则可能怀有排斥的态度，两地的教师在这一点上也是有共通之处的。

和我们一样，香港教师同样也面临着课程改革的挑战，课程改革对教师提出了新的要求，让很多教师无所适从。作者认为，课程改革给一些安于现状的教师带来了危机感，也为一些充满教育热情和理想的教师带来了提升个人专业能力的契机。

在香港，教师需要面对通识课等综合性课程的挑战，这对原先只会教单一学科的教师来说，很难适应。教授通识课是危机，同样也是契机，作者描述的主人公M就是依托通识课让自己走上了专业成长的“快车道”。究竟时势造就英雄，还是英雄造就时势？其实，环境和个人因素是相互促进的，如果没有课程改革的大背景和有利于他成长的学校环境，M 是不可能这么快实现从新手到课程领导者的华丽转身的。但是，仅有良好的外界环境，没有自身积极主动的态度和不懈的追求，M 也成为不了现在的自己。

从课程改革中成长起来的 M，积极主动，有着自己的追求，敢于面对挑战，这样就逐渐从新手转型为课程领导者。他的成功既有自身的特质和努力的因素，同时也有环境的影响，他先后经历了三所学校，在第三所学校，他的才能得到了最大的发挥。

现在，很多人反对打造名师，认为名师是打造不出来的。其实，教育行政部门和学校通过搭建一种平台，完全可以加快一些有追求的教师的成长步伐。我们在重视自身努力因素的同时，也需要正视外部良好环境的营造。

尽管我国第八次课程改革已有 10 多年了，但是很多教师还是缺乏课程的概念。在学校的语境中，提的最多的还是教学。这本书中所说的课程领导者并不像我们平时所提的“校长应成为课程领导者，课程领导者是学校的高层管理者”。本书中的课程领导者其实相当于我们通常所说的备课组长。这也提醒我们，我们应该要有课程的意识，从课程的角度来看待日常的教学工作。原国家督学成尚荣在最近发表的《教师专业发展应有大视野和大格局》一文中明确提到，教师应该扮演好课程领导者的角色。

作者在最后总结了 M 成为课程领导者的“必杀技”，那就是“以实践为本的学习经历”，包括扎根于实践的学习、在实践中反思、理论与实践的结合、参与教师学习共同体、切合教师专业学习需要的机会等。可见，在工作实践中学习，是教师成长的必由之路，学校要大力为教师搭建这样的学习平台。

日本教育家佐藤学认为，教师要成为反思性的实践者。作者在书中也特别强调，反思能力是成长为领导者的一个重要因素。因此，形成反思的习惯，提高反思的能力，是教师专业发展不可或缺的关键因素，值得我们重点关注。

教师的专业发展需要良好的外部环境，但更需要自身积极的心态和不懈的努力，因为故意装睡的人是无法叫醒的。我们每一位教师都应该成为专业发展的第一责任人，并充分利用外部有利环境来促进自己的发展，这样才能更好地享受专业成长之乐。

（本文于 2014 年 3 月 12 日发表在《东方教育时报》）

后记

推动教师阅读一直在路上

前些年，周濂的《你永远都无法叫醒一个装睡的人》一书，给我留下了非常深刻的印象。书中有这样一句话：“你永远无法叫醒一个装睡的人，除非他自己想醒来。”的确，一个人如果不想觉醒，他就会一直处于装睡的状态。

校长是教师专业发展的第一责任人，这是相关文件对校长的职责要求。但是，具体到每一位教师，其实自己才是自己专业发展的第一责任人。对于校长来说，要面向全局，努力为教师的专业发展创造条件。如果教师不抓住机会，放弃成长，对此校长是承担不了责任的。

因此，推动教师阅读，无论是学校层面的，还是区域层面的，关键还在于教师的自我觉醒和自我行动，外部的推力也只是外动力，没有内动力的响应，外力是发挥不了什么作用的。有些学校尽管领导重视教师读书，但有些教师采用软抵抗，以应付的心态来对待学校开展的读书活动，依然收效甚微。

推动教师阅读是一项专业活，是一种慢的艺术，并不能一蹴而就，需要有在路上的心态。仅靠行政命令，其效果也往往是昙花一现。

推动教师阅读，首先要营造一种阅读的氛围，让教师有读的兴趣。也就是说，首先要让大家先读起来。这个时候，可以采用共读的方式。在这一环节，就是要让大家看合适的书，其意义在于激发大家的阅读热情。像《读书是教师最好的修行》这样的书，就很适合在刚开始时推动教师阅读。

其次，要让教师们在阅读实践中有所得，能形成阅读的习惯。教师有了一定的热情，可以采用“共读牵手选读”的方式，即让教师各读各的书，让教师有一定的选择权。在适当的时候，可以共读一些书，可以让大家有共同的话题，形成共同的价值追求。在这个过程中，要积极创造条件，尽量增加教师的阅读获得感。

最后，要助力教师形成精准的阅读结构。也就是说，不同学科的教师、不同发展阶段的教师要有个性化的阅读。而这样个性化的阅读，有着多种的可能性，也没有明确的标准答案，关键在于教师自己去找寻。但是，这又需要建立在具有一定的阅读动力和阅读热情的基础上。这样，也需要建立相应的学科阅读共同体，比如同一学科的教师，可以在区域内形成共读小组。这一点，要做到并不容易，但不能因为不易而忽视，需要让每一位教师都有这方面的意识，逐步去形成自己完善的阅读结构。

可以说，这些年在推动教师阅读上，我在助力一所学校和一个区域形成良好的阅读氛围，让教师多读一些适合自己成长的教育类的书籍方面，的确是做出了一定的努力，也取得了积极的成效。但对于助力教师形成精准的阅读结构方面，所做的还远远不够。因此，这也是自己今后应该进一步努力和关注的方向。

在全民阅读时代，在教师的专业要求越来越高的今天，教师的阅读会更加重要。而助力教师阅读，需要更多的领读者发挥积极作用。

完成这部书稿的初稿时，我进入镇海区教科所也近三年了。感谢镇海教师进修学校党支部书记兼镇海区教科所所长秦新宁对我工作的大力支持。近三年来，每次“研之乐”读书会的活动，他一直参加并勉励大家多阅读。

感谢上海市教育考试院副院长常生龙先生为本书撰写序言。常生龙先生为镇海区教师的阅读提供了优质的著作，点燃了很多教师的阅读热情，并一直关心着“研之乐”读书会的发展。

感谢“研之乐”读书会的成员以及参与“啃读挑战”活动的教师，正是大家的共同努力，有效推动了区域教师的阅读，在各类省级教师读书征文比赛中，都走在了全省前列。

感谢区内各学校的大力支持，为“研之乐”读书会开展活动创造了良好条件，为教师的阅读提供了支持。

教师阅读不仅关系着自身的精神成长和专业成长，还关系着未来社会阅读人口的培养，让爱阅读的教师培养出更多爱阅读的学生，其意义是深远的。

让更多的教师爱上阅读，在这条路上需要更多的你我同行！